本书由云南师范大学省级重点马克思主义学院、马克思主义理论一级学科和研究生核心课程建设经费资助出版

石超 著

SICHOUZHILU Jingjidai
Jiaotong Jichu Sheshi de Kongjian Yichu
Xiaoying Yanjiu

丝绸之路经济带交通基础设施的空间溢出效应研究

中国财经出版传媒集团
经济科学出版社
Economic Science Press

图书在版编目（CIP）数据

丝绸之路经济带交通基础设施的空间溢出效应研究/
石超著 . --北京：经济科学出版社，2022.6
ISBN 978 - 7 - 5218 - 3688 - 2

Ⅰ.①丝…　Ⅱ.①石…　Ⅲ.①丝绸之路 - 经济带 - 交
通运输建设 - 基础设施建设 - 研究　Ⅳ.①F511.3

中国版本图书馆 CIP 数据核字（2022）第 085493 号

责任编辑：孙怡虹　魏　岚
责任校对：王京宁
责任印制：张佳裕

丝绸之路经济带交通基础设施的空间溢出效应研究
石　超　著
经济科学出版社出版、发行　新华书店经销
社址：北京市海淀区阜成路甲 28 号　邮编：100142
总编部电话：010 - 88191217　发行部电话：010 - 88191522
网址：www. esp. com. cn
电子邮箱：esp@ esp. com. cn
天猫网店：经济科学出版社旗舰店
网址：http://jjkxcbs. tmall. com
北京季蜂印刷有限公司印装
710×1000　16 开　13.75 印张　200000 字
2022 年 7 月第 1 版　2022 年 7 月第 1 次印刷
ISBN 978 - 7 - 5218 - 3688 - 2　定价：65.00 元
（图书出现印装问题，本社负责调换。电话：010 - 88191545）
（版权所有　侵权必究　打击盗版　举报热线：010 - 88191661
QQ：2242791300　营销中心电话：010 - 88191537
电子邮箱：dbts@ esp. com. cn）

前　言

　　"丝绸之路"作为一个历史概念，自古以来就是中国经中亚通往南亚、西亚以及欧洲、北非的陆上贸易通道。2013 年 9 月，习近平主席在哈萨克斯坦纳扎尔巴耶夫大学作重要演讲时首次提出共同建设"丝绸之路经济带"的倡议，该倡议一经提出，就引起了广泛关注。丝绸之路经济带实质上可以说是一条依托着交通而形成的贸易通道。在丝绸之路经济带的建设中，交通基础设施是沿线国家开展经济贸易合作及实现区域经济一体化的先行合作内容，是物流、资金流及人员往来的基本保障。

　　由于具有网络性和外部性的特征，使得交通基础设施可以产生空间溢出效应，即一个地区建设交通基础设施除了影响本地区的经济发展之外，其影响还会在空间上外溢到其他地区。随着交通基础设施的建设，这种空间溢出效应将给丝绸之路经济带沿线国家的经济发展带来新的机遇，同时也会推动丝绸之路经济带互联互通的实现，从而带动区域内各国（地区）间在贸易、投资、产业、文化等方面的合作，为实现交通一体化、贸易一体化以及区域经济一体化奠定基础。

　　区域经济一体化是当今世界经济发展的一大趋势，而丝绸之路经济带的建设和发展正好契合了这一趋势。对于丝绸之路经济带的区域经济一体化，加强交通基础设施建设将会是一种基本的、有效的措施。通过改善交通基础设施，可以降低贸易成本，提高贸易效率，促进市场规模的扩大、产业的集聚、分工的形成与细化。因此，丝绸之路经济带要实现区域经济一体化，推动沿线国家打造"命运共同体"，以交通基础设施为前提的互联互通是必要条件。

本书以丝绸之路经济带沿线国家为研究对象，在梳理沿线国家交通基础设施发展情况的基础上，对交通基础设施的空间效应以及交通基础设施对丝绸之路经济带区域经济一体化的影响等问题，系统地展开了理论分析和实证检验，论证了交通基础设施的建设是推动丝绸之路经济带的经济发展和实现区域经济一体化的基本前提。在"一带一路"沿线国家和地区之间深化经济贸易合作的背景下，本书期望为丝绸之路经济带交通基础设施建设以及实现区域经济一体化提供理论基础与实证支持。

本书的主要内容包括以下几个方面：

第一，交通基础设施空间效应理论分析。本书从两个方面展开理论分析：一是根据克鲁格曼（Krugman）的新经济地理学理论，鲍德温、马丁、奥塔维亚诺（Baldwin，Martin，Ottaviano，2001）在其研究中认为目前全世界所经历的四大现象——工业化（industrialization）、经济增长（economic growth）、收入差距（income divergence）和贸易快速扩张（trade expansion）——在很大程度上是由于交易成本的下降，而交易成本的下降又是源于运输成本的下降（lower transportation cost）和市场的开放（market opening）。基于"降低运输成本会导致产业集聚，进而又加速局部外部性经济增长的基本逻辑"，以及"中心—外围模型"的理论基础，再结合鲍德温等人构建的局部溢出模型（即 LS 模型），本书对交通运输成本、产业分布及经济增长三者之间的影响机理进行了研究分析，为下文的空间溢出效应实证分析奠定理论机理层面的基础。二是通过梳理交通基础设施的外部性和网络性特征，为交通基础设施的空间溢出效应提供前提思路，并基于探索性空间数据分析、空间计量经济学对交通基础设施空间溢出效应实证检验的步骤进行具体分析，为下文空间溢出效应的实证分析提供研究思路。

第二，丝绸之路经济带交通基础设施的空间溢出效应研究。交通基础设施由于网络性和外部性的特征，会对周边其他地区产生溢出效应，从而带动周边其他地区的经济增长。基于此影响路径，本书选取丝绸之路经济带为研究区域，基于空间计量模型，通过构建不同空间权重矩阵，从整体—分区两个层面测度 2010～2019 年丝绸之路经济带的交通基础设施空间经济溢出效应，以期为合理分配交通基础设施的投资提供理论依据，从而推动丝绸之路经济带进一步健康快速发展。

第三，丝绸之路经济带交通基础设施与区域经济一体化研究。交通基础设施的建设，将推动丝绸之路经济带互联互通的实现，增强沿线各国（地区）间的联系，带动丝绸之路经济带区域内贸易、经济、产业等方面的合作，为实现丝绸之路经济带区域经济一体化奠定基础。一般来说，衡量区域经济一体化的主要指标是边界效应，即国家之间地理上的边界对两国之间的经贸合作所产生的影响，其主要用来反映国内贸易与跨国贸易之间的差异。丝绸之路经济带沿线国家和地区的地理边界复杂，边界问题突出，对跨国贸易的开展产生了很大的影响，也成为丝绸之路经济带实现区域经济一体化主要问题之一。

第四，丝绸之路经济带交通基础设施国际合作研究。从区域经济学角度来说，丝绸之路经济带从根本上是一种路域经济，是依托道路辐射带动形成的生产力布局及区域经济发展体系。从丝绸之路经济带规划来看，需要开发若干经济走廊，而经济走廊建设的重点内容就是铁路、公路、航空和能源管线等交通线路。通过建设丝绸之路经济带沿线路域经济走廊，实行以点带面，从线到片。2015年4月27日，中共中央政治局常务委员会委员、国务院副总理张高丽在重庆出席亚欧互联互通产业对话会开幕式并发表主旨演讲，其在演讲中首次明确宣布中国正与"一带一路"沿线国家和地区一起,积极规划中蒙俄、新亚欧大陆桥、中国—中亚—西亚、中国—中南半岛、中巴、孟中印缅六大经济走廊建设。六大经济走廊成为丝绸之路经济带的物质载体。在六大经济走廊建设的推进过程中与丝绸之路经济带沿线国家和地区一起合作规划和建设交通基础设施,成为今后推动丝绸之路经济带建设的核心任务。

目　　录

第一章　绪　论

　　首先，本章介绍了研究的背景和意义，并提炼出了本书研究的主要思想。其次，本章对国内外相关的研究成果进行了分析，从中总结相关的理论基础和研究方法，为本书提供参考和借鉴。再次，本章对本书使用的研究方法以及存在的创新点进行了总结，为本书的研究提供科学合理的方法并寻找写作的创新空间。最后，对本书研究内容进行了介绍，明晰了本书研究的具体思路。

第一节　研究背景及意义

一、研究背景

　　"丝绸之路"在人类经济文化交流的历史中具有深远意义，在1877年德国地理学家李希霍芬（Richthofen，1877）所著的《中国》一书中首次被命名为"Seidenstrassen"（丝绸之路）。[1] 之后，德国历史学家赫尔曼（Herrmann，1910）在20世纪初出版的《中国与叙利

---

[1] Richthofen. China [M]. Dietrich Reimer, 1877.

亚之间的古代丝绸之路》一书中，依据新发现的考古资料，把丝绸之路延伸至地中海西岸和小亚细亚，确定了丝绸之路的基本内涵，即中国经中亚通往南亚、西亚以及欧洲、北非的陆上贸易通道。[①] 2013年9月，习近平在哈萨克斯坦纳扎尔巴耶夫大学作重要演讲时首次提出"丝绸之路经济带"的概念，这一概念与古丝绸之路一脉相承，同时又蕴含了新时代背景下共建人类命运共同体的新内涵。

丝绸之路经济带实质上可以说是一条交通经济带，它是依托交通而形成的贸易通道。所以对于丝绸之路经济带的建设，交通基础设施是重要前提和基本保障。同时，交通基础设施建设也是促进一个国家或地区经济发展的突破点，尤其是对于经济并不发达的国家和地区，交通基础设施建设的经济带动作用更加明显。丝绸之路经济带沿线大部分是发展中国家，整体经济发展水平不高，交通基础设施的建设水平也相对较低。因此，丝绸之路经济带对于交通基础设施建设具有迫切需求。

由于具有网络性（即可以连接不同地区内部和不同地区之间的经济活动形成一个网络）和外部性（即交通基础设施除了对本地经济产生影响外，还会对其他地区的经济产生影响）的特征，交通基础设施会产生空间溢出效应，即一个地区交通基础设施建设除了影响本地的经济发展，其影响还会在空间上外溢到其他地区。目前，关于交通基础设施的研究采用的理论和方法已经比较成熟，选取的地区和指标也已经比较全面。但是，这些研究中有很多还未将空间因素考虑在内。由于交通基础设施具有网络性和外部性的特征，如果在实证分析过程中未对空间因素加以考虑，所得到的结果往往与现实情况不相符，尤其是对于丝绸之路经济带这种在地理空间上存在较大差异的区

---

① 　Albert Herrmann. Die Alten Seidenstrassen Zwischen China und Syrien ［M］. Berlin: Weidmannsche Buchhandlung, 1910.

域。因此，本书在考虑空间因素的基础上，从理论与实证两个方面分析丝绸之路经济带交通基础设施的空间效应。对于交通基础设施空间效应的研究，可以在新经济地理学和空间计量经济学的理论框架下进行。从新经济地理学理论的角度分析改善交通基础设施，降低运输成本对产业集聚、分工和专业化产生的影响，进而促进区域经济的增长。引入空间权重矩阵，选取丝绸之路经济带沿线国家的相关数据，采用空间计量经济学的方法可以实证检验丝绸之路经济带交通基础设施的空间溢出效应。

区域经济一体化是当今国际经济关系中的一大趋势，而丝绸之路经济带的建设和发展正好契合了这一趋势。丝绸之路经济带可以为沿线国家搭建新的平台，加快生产要素和资源的流动，从而带动整个区域内经济的共同发展，为实现丝绸之路经济带区域经济一体化的发展目标奠定基础。对于这一发展目标，加强交通基础设施建设将会是一种基本的、有效的措施。改善交通基础设施可以降低贸易成本，提高贸易效率，促进市场规模的扩大、产业的集聚、分工的形成与细化。因此，丝绸之路经济带要实现区域经济一体化，推动沿线国家打造"命运共同体"，以交通基础设施建设为前提的互联互通是必要条件。

在此研究背景下，本书基于丝绸之路经济带沿线国家的交通基础设施建设展开研究，试图回答以下问题：（1）交通基础设施的空间效应如何体现？丝绸之路经济带沿线国家交通基础设施的空间溢出效应是如何实现的？（2）如何在考虑产业集聚等因素的基础上，通过构建相应计量模型，验证丝绸之路经济带交通基础设施的空间溢出效应？（3）在丝绸之路经济带区域经济一体化建设的过程中，交通基础设施建设可以起到什么样的作用？

二、理论意义与现实意义

（一）理论意义

本书基于新经济地理学理论，对交通基础设施、产业集聚与经济增长进行了研究分析。其中，在影响路径中，在"中心—外围"模型的基础上，考虑到丝绸之路经济带沿线国家主要建设的是国内交通基础设施的情况，本书引入了区域内贸易的"冰山运输成本"假设，来更加细化地讨论丝绸之路经济带沿线各个国家内部以及国家之间，交通基础设施的建设对于产业分布及经济增长的影响。这进一步丰富了新经济地理学理论研究，也比以往较少考虑区域内交通基础设施建设的研究更符合现实情况。

我国大力推动丝绸之路经济带的建设，旨在通过丝绸之路经济带的发展而实现区域经济一体化，促进共同发展繁荣，造福沿线各国人民。在这个目标下，推动区域经济更加紧密合作将是重要路径，而推动区域经济合作的前提和必要条件就是交通基础设施的互联互通。因此，对于丝绸之路经济带交通基础设施与区域经济一体化之间关系的研究具有较高价值。本书通过构建交通基础设施的边界效应模型，分析交通基础设施对边界效应的影响，为丝绸之路经济带区域经济一体化建设的研究提供了一定的理论基础。

（二）现实意义

丝绸之路经济带构想的提出，完全契合了经济全球化和区域一体化的发展趋势，是经济全球化和区域一体化持续发展的又一个坚实的证据。在现如今"逆全球化"有所抬头的国际环境下，丝绸之路经济带构想的提出对于促进区域经济发展、加强区域经济合作，走出

"逆全球化"困境，提振全球化信心具有积极的现实意义。

基础设施是经济发展的优先领域，也是实现区域经济一体化的基础条件。作为重要的基础设施之一，交通基础设施可以降低运输成本，促进生产要素和资源在区域间更自由地流动，对区域间的贸易、产业布局等产生影响，进而推动地区的经济增长。同时，一个地区交通基础设施的建设和完善，除了对本地经济产生影响外，还会带动周边地区的经济增长。因此，本书在丝绸之路经济带沿线大部分国家交通基础设施并不完善的情况下，对其交通基础设施的发展进行的研究，将有助于提高丝绸之路经济带沿线国家对交通基础设施建设的重视程度，并为相关项目的建设提供一定的理论支持。

第二节　国内外研究综述

交通基础设施是一种具有经济属性的基础设施，是经济发展的"先行官"。一直以来，关于交通基础设施的研究都是学者们关注的重点。

一、国外研究现状

（一）交通基础设施与经济增长

关于交通基础设施与经济增长，有学者根据交通基础设施的产出弹性展开研究。阿绍尔（Aschauer，1989）运用新古典经济增长模型首次进行了定量研究，他发现基础设施的产出弹性为 0.39。梅里曼（Merriman，1990）以日本为研究对象，研究发现交通基础设施的产出弹性为 0.43 ~ 0.58。此外，在其他学者对相关产出弹性的研究中，穆奈尔（Munnell，1990）计算结果是 0.36，赫尔滕和施瓦布（Hulten & Schwab，1991）计算结果是 0.42。赫里斯托杜拉基斯（Christodoulakis，1993）以希腊为研究对象的计算结果是 0.27 ~ 0.42，怀利（Wylie，1996）以加拿大为研究对象的计算结果是 0.517。梅洛等（Melo et al.，2013）基于 33 项研究的 563 个样本，进一步细化研究了交通基础设施对总产出的产出弹性，结果显示，美国交通基础设施对总产出的产出弹性要高于欧洲，此外，其研究还发现，公路对经济的影响作用要强于铁路、水运、空运等交通运输方式。

部分学者对交通基础设施与经济增长的关系进行了研究，陈和海恩斯（Chen & Haynes，2014）运用格兰杰因果检验分析了 1991 ~ 2009 年美国的地面交通基础设施与经济增长之间的关系。柳升勋（Seung - Hoon Yoo，2005）和查尔斯（Charles，2004）利用协整检验和误差修正模型，实证研究韩国和马拉维两国数据发现，电力设施投资和经济增长有双向因果关系。以上研究都发现交通基础设施与经济之间存在着较紧密的关系。除此之外，还有很多学者也进行了相关的实证研究，洪等（Hong et al.，2011）根据不同类型的交通基础设施进行了实证研究，研究发现，相比空运来说，陆运和水运对经济的影响更大。吉米·卡德和保明·赛特纳（Jameel Khadaroo & Boopen Seetanah，2008）认为运输资本是经济发展过程中的关键因素，基于毛里求斯 1950 ~ 2000 年的数据，并运用向量误差修正模型（VECM）框架下的动态时间序列分析方法，研究了毛里求斯交通运输资本与经济增长的关系，最终得出交通基础设施建设对毛里求斯的经济发展做出了重大贡献的结论。罗伯特·赛维罗（Robert Cervero，2013）通过南亚、东南亚、东亚、非洲、南美洲等地区的发展中国家的实例来说明改善交通与城市发展的协调性是一个较为棘手的问题。可持续的交通基础设施建设对世界上发展中国家城市居民的福利和经济的繁荣尤其重要。卡尔德隆等（Calderon et al.，2015）选取 80 多个国家的数据进行实证分析，发现基础设施对经济增长具有明显的正向影响，即使在不同的国家，这种正向影响也没有太大变化。杜兰东和特纳（Duranton & Turner，2012）对美国新建州际高速公路进行了研究，结果发现，在 1983～2003 年美国新建的高速公路对沿途地区的影响作用并不明显，总结原因时认为是由于新建的高速公路过多。此外，伊斯特利和雷贝洛（Easterly & Rebelo，1993）、德米尔热（Demurger，2001）、费纳等（Faina et al.，2015）分别用增长模型方法、两阶段最小二乘法（TSLS）估计方法和索洛增长模型分析了交通基础设施对区域经济的影响，结果均显示交通基础设施对区域经济具有正向的促进作用。

（二）产业集聚与经济增长

较早研究产业集聚现象的经济学家马歇尔（Marshall，1890）认为产业集聚会产生正外部性，这是由劳动力池、中间产品投入和技术外溢决定的，他还强调了专业化分工是产业集聚地区存在外部性的一大原因，指出在形成产业集聚的地区存在一个较为明显的特点，即技术外溢，当存在产业集聚的地区不断形成企业合作时，知识技术就会在企业间快速地传播。胡佛（Hoover，1948）的产业集聚最佳规模理论与对区域经济增长自我强化模型对产业集聚的研究比较有代表性，胡佛认为本地化经济、内部规模经济和城市化经济是形成产业集聚的原因。此外，胡佛研究产业集聚与经济增长的关系，他认为产业集聚正外部性的存在，会使得更多类型较为接近的产业和企业逐渐转移到产业集聚地区，使得产业集聚地区的企业越来越多，经济集聚现象更加显著，进而促进整个区域的经济增长。佩鲁（Perroux，1950）于 20 世纪 50 年代提出的增长极理论也可以对产业集聚与区域经济增长的相关研究提供帮助，其基本观点是：经济的增长并不是出现在任何地方，而是多出现在增长极，然后再逐渐向其他地区扩散，最终推动大部分区域实现经济增长。此外，佩鲁还认为技术进步和创新是经济发展的主要动力，而创新通常在规模较大的领头羊企业中出现，这些企业可以被认为是增长极，可以通过连锁效应和推动效应带动其他企业创新和发展。在20世纪60年代中期，学者布德维尔（Boudeville，1966）在增长极理论中引入了区位论，即在考虑地理空间因素的基础上，增长极通常形成于城市内的某一产业，通过集聚而形成增长中心，然后对周边地区产生溢出效应，从而带动整个地区的经济增长。缪达尔（Myrdal，1957）提出了循环累积因果理论，该理论认为，并不是所有地区同时开始出现经济增长，经济增长会先出现在资源禀赋较高的地区，之后在多方面因素的作用下，先出现经济增长的地区通过外部性作用产生两方面影响：一是基础条件较差且经济增长较慢地区的生产要素会逐渐向相对发达的地区流动，形成集聚效应；二是经济增长较快地区的生产要素和资本技术会逐渐向周围地区扩散，形成扩散效应。

克鲁格曼（1991）提出了新经济地理理论，基于"中心—外围"模型探讨产业分布对经济增长的影响，这为诸多学者带来了新的研究思路和研究方法。藤田昌久和蒂斯（Fujita & Thisse，2002）根据新经济地理理论进行了类似的研究。鲍德温（1999）对新经济地理模型进行了动态化处理，通过创建新模型来分析区位因素和经济之间产生的相互作用。马丁和奥塔维亚诺（Martin & Ottaviano，1999）、鲍德温（2001）、鲍德温和马丁（2004）等也进行了相关研究。鲍德温和福斯里德（Baldwin & Forslid，2000）第一次把罗默的内生经济增长理论与克鲁格曼的新经济地理学进行了融合。

在理论研究不断深入的同时，大量关于产业集聚与经济增长关系的实证研究开始出现。其中大量研究表明产业集聚与经济增长之间存在显著的正相关关系（Ciccone & Hall，1993；Ciccone，2002；Brulhart & Sbergami，2006；Brulhart & Mathys，2008）。但是也有一部分研究对此提出异议，认为产业集聚对经济增长不存在正面影响，甚至存在负面影响，如斯贝加米（2002）、博斯克（Bosker，2007）。也有研究认为两者的关系并非是不变的，布鲁哈特和斯贝加米（2009）发现产业集聚只在经济发展的早期阶段会对经济增长产生推动作用，在经济发展超过某一水平之后的影响可以忽略。

（三）交通基础设施与产业集聚

关于交通基础设施在空间方面的研究主要与集聚有关，相关研究最早可追溯到冯·图能（von Thünen，1826），他在代表作《孤立国同农业和国民经济的关系》中提出了"农业区位论"，该理论认为在运输成本与距离位置有所不同的情况下，周围的农业地区会形成以孤立国（即城市）为中心的、类似同心圆的分布结构。胡佛（1948）指出在研究中不能只考虑农业，他将商业也纳入相关理论研究中并发现，导致运输成本发生变化的交通基础设施会形成一种枢纽，这种枢纽可以为企业的布局提供一定的聚集基础。此外，胡佛的研究还发现，当产业集聚形成时，会有大量的相关企业进入集聚地，从而导致整个地区的经济出现增长。

部分学者基于新经济地理理论展开对交通基础设施与产业集聚的研究，克鲁格曼（1991）根据规模报酬递增和垄断竞争的条件，将运输成本纳入其"中心—外围"模型中进行讨论，认为运输成本可以与产业的分布以及企业的成本形成联系，通过运输成本和规模报酬递增的相互作用而影响产业的分布。马丁和罗杰斯（Martin & Rogers，1995）在克鲁格曼（1991）研究的基础上构建了自由资本模型，该模型将交通运输分为区域间的交通运输以及区域内的交通运输，由于不同地区其内部的资源禀赋和运输成本有所不同，如果区域间的交通运输条件较好，将会进一步推动区域之间资本的差异化分布；如果区域内的交通运输条件较好，将会推动当地的产业集聚。基尔肯尼（Kilkenny，1998）指出当整体运输成本下降时，将会逐渐形成"中心—外围"的情况，"中心"是运输成本相对比较高的制造业企业，而"外围"是运输成本相对比较低的制造业企业。藤田昌久等（Fujita et al.，1999）研究分析了运输成本对产业布局的影响，指出运输成本可以通过改变一个地区的向心力和离心力来影响企业的决策。

　　还有学者利用其他研究方法进行了相关研究。霍尔（Holl，2004）以西班牙为研究对象分析公路与企业的布局，研究发现，公路对距离较近的地区有正向直接影响，而对距离较远的地区会产生负向的间接溢出影响。维纳布尔斯（Venables，2007）对交通基础设施建设和经济集聚的关系进行了研究，他认为，城市规模的扩大会导致城市交通基础设施的完善，进而推动生产力水平的提升。在经济集聚的情况下，城市交通基础设施的建设将会带来更大的收益。莫里等（Mori et al.，2002）通过空间模型来分析交通基础设施密度与产业集聚的关系，结果显示，提高交通基础设施密度是形成产业集聚的主要动因。格拉汉姆（Graham，2007）对交通运输系统的投资、生产率以及产业集聚三者的相互关系进行了研究，结果显示：增加交通运输系统的投资，可以使得企业的生产活动增加，形成集聚，进而产生更多的效益。余等（Yu et al.，2016）基于我国地级市数据研究发现：高速公路会促进产业的集聚，且当整体运输成本减少时，高速公路对于产业将会形成扩散现象。佩尔科科（Percoco，2015）以意大利为研究对象，对高速公路与产业集聚的关系进行了相关研究，结果显示高速公路对于产业集聚具有正向促进作用。徐等（Xu et al.，2016）基于县级数据对高速公路与产业的关系进行分析，结果显示：相比内陆地区，沿海地区高速公路对就业的影响要弱一些。莱尔德等（Laird et al.，2005）主要基于外部性的考虑指出，随着交通基础设施的完善，运输成本下降，将会促进不同经济体之间产生更多的合作和交流，还会促进知识的溢出，进而推动形成更大区域内的集聚经济。

(四) 交通基础设施空间溢出效应

关于交通基础设施空间溢出效应的研究，主要是基于新经济地理理论和空间计量经济学。20 世纪 90 年代初，以克鲁格曼（1991），藤田昌久等（1999），奥塔维亚诺等（Ottaviano et al.，2002）为代表的新经济地理学在进行理论分析的过程中，引入了交通基础设施的空间因素，将交通基础设施看作影响产业布局和区域经济的一个关键因素。科恩和保罗（Cohen & Paul，2004）通过研究发现交通基础设施建设对周边区域具有正向的空间溢出效应，如果不考虑空间因素，交通基础设施对经济的产出弹性会产生一定误差。贝雷奇曼等（Berechman et al.，2006）以美国各州县为研究对象，引入了空间滞后因素，分析发现交通基础设施存在正向的空间溢出效应，且随着区域范围的变小，高速公路的产出弹性递减。佩里拉和罗卡 – 萨加莱斯（Perira & Roca – Sagales，2003）、科恩和保罗（Cohen & Paul，2004）等学者的研究也表明交通基础设施对周边区域的经济存在正向的空间溢出效应。厄兹巴伊等（Ozbay et al.，2007）以纽约和新泽西两个州为研究对象，分析了交通基础设施的空间溢出效应，结果发现，与中心地区的距离越远，交通基础设施的空间溢出效应越低，此外，研究还发现交通基础设施的产出效应在时间上存在滞后。阿尔布埃斯等（Arbués et al.，2015）以西班牙为研究对象进行了实证研究，结果显示交通基础设施对所在地区和相邻地区的经济具有正向的促进作用。

此外，也有一部分研究发现交通基础设施的空间溢出效应不一定为正向。首次构建空间权重矩阵的霍尔埃金和施瓦茨（Holtz – Eakin & Schwartz，1995）将周边地区的交通基础设施纳入实证分析中，以美国各个州的数据为基础进行空间计量分析，发现周边地区的交通基础设施对当地的经济并不会产生明显的影响。博阿梅特（Boamet，

1998）也利用空间计量方法进行了实证研究，以美国加利福尼亚州地区为研究对象，发现公路对经济存在负向的空间溢出效应。洛佩兹等（Lopez et al.，2009）指出基础设施建设会使得交通成本降低，导致各个地区的资源得到重新分配。吉瓦坦库帕森等（Jiwattanakulpaisarn et al.，2010）对美国各个州的公路进行研究，发现各个州之间同时有正向的或负向的空间溢出效应。

（五）交通基础设施建设与区域经济一体化

关于交通基础设施建设与区域经济一体化的研究，贝伦斯（Behrens，2004）研究了一个国家的交通基础设施对国际经济一体化及区域经济不平等的影响，他认为交通运输成本会影响国际贸易量，通常来说，当一个国家的交通基础设施条件较好时，国际贸易额也较高，区域经济一体化也更有可能实现。普拉比尔·德（Prabir De，2006）在研究中强调了交易成本和基础设施在解释全球化下的贸易、市场准入和区域合作中的重要性，对于想要实现贸易一体化的大多数亚洲国家而言，交易成本是比进口关税更大的障碍。他利用一些亚洲经济体的收入、基础设施、交易成本和贸易等跨国数据，通过构建一个经济地理结构模型，表明交易成本在解释亚洲贸易变化方面具有统计上的显著性和重要的决定性。米尔瓦特等（Mirwaldt et al.，2005）基于欧盟的交通基础设施建设进行了研究，发现对交通基础设施的投资可以减少欧盟内部相互到达的障碍，推动欧盟的贸易一体化。此外，还有学者利用边界效应的研究来反映区域经济一体化。通常情况下，边界效应与区域经济一体化程度会呈现反向关系，即边界效应下降，区域经济一体化程度上升，反之，区域经济一体化程度下降。维纳布尔斯（1996）认为基于区域一体化，跨越国家边界的经济贸易合作活动会向两国的边界有所集聚。努诺·利茂和维纳布尔斯（Nuno Limao & Anthony J. Venables，2001）指出基础设施是运输成本的一个重要的决定因素，基础设施恶化程度从 50% 上升到 75% 时，运输成本会提高 12%，而贸易量会减少 28%。贝尔德伯斯等（Belderbos et al.，2001）将基础设施引入日本边界效应的研究中，结果显示：随着基础设施建设的加强，边界效应显著下降，即区域经济一体化程度显著提高。麦克勒姆（McCallum，1995）首次利用加拿大省级和国际的贸易流量数据进行了实证研究，分析了加拿大国内贸易量以及与美国的跨境贸易量，对两国的边界效应进行了测算。赫利韦尔（Helliwell，1998）应用边界效应模型来验证国家之间的区域经济一体化问题，研究表明发达国家之间的边界效应一般处于 6~25 之间，而发展中国家则在 70 左右。海德和麦尔（Head & Mayer，2000）对欧盟国家之间的边界效应进行了测算，结果显示欧盟的边界效应从 1978 年的 21 下降到了 1995 年的 11.3，表明欧盟的边界效应在逐渐减弱。尼奇（Nitsch，2002）测算了联邦德国与民主德国的双边贸易及联邦德国与其他国家的贸易中的边界效应，大久保俊弘（Toshihiro Okubo，2004）分析了日本市场的边界效应，蒂亚斯·赫布尔（Matthias Helble，2007）测算了法国和德国的边界效应。

二、国内研究现状

（一）交通基础设施建设与经济增长

国内有众多学者从不同视角出发对交通基础设施建设与经济增长进行了相关研究。陆大道（1984）最早以增长极理论和生长轴理论为基础，提出了点—轴空间结构系统理论，对交通轴线与经济带建立的问题进行了分析。张国伍（1993）认为应该把交通基础设施的建设与沿线地区的经济发展进行融合，提出了"交通经济带"这一定义。杨荫凯和韩增林（1999）认为交通经济带是一种依托交通干线的区域经济综合体，交通基础设施建设是该经济综合体发展的重要保障。

一方面，有学者对交通基础设施建设与经济增长之间的关系进行了研究，刘秉镰和赵金涛（2005）基于格兰杰因果检验的方法对我国交通运输与经济发展进行了研究，结果发现，在 1978～2003 年，交通条件的改善不是我国各个地区经济增长的原因，相反，各个地区经济增长是交通条件改善的原因。张学良和孙海鸣（2008）同样也基于格兰杰因果关系检验方法，发现交通基础设施建设与经济增长在格兰杰因果关系上是单向的。此外，杨帆和韩传峰（2011）、黄寿峰和王艺明（2012）、刘育红（2012）也都得到了类似的研究结论。高峰（2007）通过研究发现：一个地区的长期经济增长率与基础设施水平之间存在倒"U"型关系。王任飞和王进杰（2007）通过研究指出基础设施与经济增长之间会产生各种相互作用，其中基础设施建设对经济增长的促进作用属于主要作用。孙早、杨光和李康（2015）对基础设施投资与我国东中西部经济增长之间的关系进行了分析，结果显示：（1）基础设施投资与东、中部经济增长之间存在着显著的倒"U"型关系；（2）基础设施投资与西部经济增长之间不存在倒"U"型关系。

另一方面，部分学者通过实证研究的方法，分析了交通基础设施对经济增长的影响。刘生龙和胡鞍钢（2010）实证分析了交通基础设施对我国经济增长的影响以及交通基础设施建设在调整我国区域经济差距中的作用，研究发现，交通基础设施与经济增长之间存在正向关系，且交通基础设施建设对缩小区域经济差距具有较强的影响。郭庆旺和贾俊雪（2006）、李强和郑江淮（2012）、娄洪（2002）、徐塱和欧国立（2016）等也都得到了类似的结论。范九利和白暴力（2004）运用生产函数法估计了基础设施建设/投资对经济增长的产出弹性，结果显示基础设施投资对人均国内生产总值（GDP）的产出弹性为 0.187。隋广军、黄亮雄和黄兴（2017）基于"一带一路"沿线 64 个国家的数据构建了计量模型，分析我国对沿线国家基础设施建设的投资与其人均 GDP 的关系，发现随着基础设施水平的完善，区域差异在缩小，我国向沿线国家直接投资增长 1%，可以显著促进其人均 GDP 增长 0.01%，我国的投资对沿线国家经济增长的贡献率约为 12%。王继源、陈璋和龙少波（2016）以"一带一路"沿线基础设施的投资为出发点，根据世界投入产出数据库（WIOD）非竞争投入产出表，实证检验了沿线国家基础设施投资对我国各部门的短期拉动效果，结果显示，对当地电力基础设施、交通基础设施和通信基础设施分别投资 1 美元的情况下，对我国的经济会产生 0.3072 美元、0.3979 美元和 0.4142 美元的总产出。此外，还有学者以具体地区或以某一类基础设施为例进行相应研究，陈子真等（2015）和王野啸（2016）分别以新疆维吾尔自治区和辽宁省为例，芮宏（2009）则以民用机场为例研究了交通基础设施建设对经济增长的影响。

（二）交通基础设施与产业集聚

相关理论研究方面，金煜等（2006）基于新经济地理学理论分析了经济地理因素对产业集聚的作用，研究发现，交通基础设施的建设将会对产业集聚产生正向影响。陈建军和胡晨光（2008）基于长江三角洲（以下简称"长三角"）次区域的数据，对产业在既定空间"中心—外围"式的集聚给集聚地区带来的经济发展、技术进步和索洛剩余递增三类集聚效应进行了研究，发现产业在既定空间集聚产生的自我集聚可以改善集聚区域居民生活水平，促进地区技术进步，增强区域产业竞争力，带来增长、产业结构升级和区域经济索洛剩余递增。刘月（2016）运用空间经济学理论，构建了"产业协同集聚——空间结构调整——经济协调发展"的理论分析架构，将产业协同集聚与经济协调发展连接起来。邓永波（2017）结合新经济地理学与京津冀产业集聚与区域发展的实践，把运输成本与体制政策作为解释京津冀在产业集聚与区域发展中的两个基本因素。他认为，新经济地理学强调了运输成本对产业分布变化的影响，但京津冀地区自20世纪90年代以来，交通基础设施得到了较大改善，运输成本明显下降，但是地区性的产业集聚不仅没有显著发生，还出现了多样化扩散现象。这种扩散不是资源流动的结果，而是各地方政府在本地区大力投资的结果。周海波（2017）通过研究发现在交通基础设施建设对经济增长的影响过程中，产业集聚起到了中介作用。

在相关实证研究方面，朱英明（2003）通过研究发现，产业集聚存在"区域效应"，这一效应是产业集聚推动区域经济增长的主要动因。文玫（2004）认为交通基础设施的完善和运输成本的降低会推动制造业形成集聚。陆根尧和林永然（2015）基于浙江省的县级数据构建了门槛模型，研究发现，浙江省的交通基础设施对经济集聚的影响具有三重门槛，在超过第一门槛值时，交通基础设施将会促进经济集聚。周海波、胡汉辉和谢呈阳（2017）通过实证分析，发现产业布局在交通基础设施与地区收入之间起到了中介作用，交通基础设施建设促进产业集聚，而产业集聚又对地区收入存在正向影响。吴林海和陈继海（2003）、周兵和蒲勇健（2003）、王秀明和李非（2013）从不同的角度运用不同的方法研究发现，产业集聚与经济增长之间存在正向的促进作用。此外，也有学者通过研究得到了不同的结论。路江涌和陶志刚（2007）研究发现运输成本并不会促进产业集聚的形成。高凤莲和段会娟（2010）则发现产业集聚对经济增长的促进作用不显著。尹希果和刘培森（2013）以省际数据为基础，研究发现交通运输与制造业集聚之间存在非线性的关系，在东部地区两者之间的关系是倒"U"型，在中部地区和西部地区两者之间的关系是交通运输对制造业集聚存在正向影响。李红昌和胡顺香（2016）构建双重差分模型（DID）实证分析了高速铁路对城市集聚存在的影响，其结果表明，我国东中西部地区的城市集聚水平呈现阶梯式，高速铁路的存在使得西部地区更容易形成经济集聚，这将会对我国的均衡发展产生积极影响。吴江等（2019）选取我国主要旅游城市 2007～2016 年的面板数据，以客运成本为纽带建立交通基础设施建设与产业集聚的计量经济模型，以此来检验空间经济学中运输成本和产业集聚之间的变动关系。研究表明：交通基础设施建设在产业集聚变动及空间溢出效应中起到了重要的作用，且存在倒"U"型非线性关系；在我国现阶段的交通基础设施建设中，以高铁建设为代表的质量因素对产业集聚的影响更加明显。

（三）交通基础设施建设与空间溢出效应

随着经济活动的空间性越来越受到经济学界的重视，空间计量方法被国内学者广泛应用于分析交通基础设施建设对经济增长的空间溢出效应。从研究范围上来看，部分学者利用全国数据来进行实证分析。胡鞍钢和刘生龙（2009）收集了中国 1985～2006 年 28 个省份的数据，通过建立空间经济计量模型进行实证分析。研究发现：（1）我国交通运输投资所带来的 GDP 增加平均每年为 248 亿元，其中 52 亿元来自交通运输的外部溢出效应；（2）交通运输投资的直接贡献与外部溢出效应之和对经济增长平均每年的贡献率为 13.8%。刘秉镰、武鹏和刘玉海（2010）研究发现在 2001～2007 年，铁路和公路的增加带动我国全要素生产率增长了 11.075%，其中高速公路和二级公路的带动作用最显著。而铁路和公路对我国经济的贡献中，直接效应占 25.7%，空间溢出效应占 74.3%。张学良（2012）利用 1993～2009 年的中国省级面板数据和空间计量经济学的研究方法，实证分析得出以下主要结论：（1）中国交通基础设施建设对区域经济增长的空间溢出效应非常显著，若不考虑空间溢出效应，则会高估交通基础设施建设对区域经济增长的作用；（2）外地交通基础设施建设对本地经济增长的影响以正的空间溢出效应为主，但是也有空间负溢出的证据。张志和周浩（2012）利用1998～2008年中国省级面板数据，在模型中加入不同经济意义空间权重矩阵的基础上，分析了我国交通基础设施的空间溢出效应。研究发现，交通基础设施对第二产业的空间溢出大于对第三产业的空间溢出，基于产业结构的空间溢出大于基于市场规模的空间溢出。郭晓黎（2014）运用空间模型实证分析了我国交通基础设施对区域经济的溢出效应，结果显示，在2000年、2006年和2011年，营运里程密度（公里/平方公里）每提高一个百分点，铁路分别产生0.0054个百分点、0.0062个百分点和0.0067个百分点的溢出；公路分别产生0.0042个百分点、0.0066个百分点和0.0104个百分点的溢出；水路分别产生0.0036个百分点、0.0047个百分点和0.0071个百分点的溢出。梁双陆和梁巧玲（2016）研究发现交通基础设施的产业创新效应具有显著的本地效应和跨区域溢出效应，在地区上，东部交通基础设施的产业创新效应高于中部；在交通基础设施类型上，铁路的产业创新效应高于公路。武勇杰和张梅青（2017）选取2000～2015年我国30个省份的数据，构建空间杜宾模型来进行实证研究。结果显示：公路对经济增长存在正向的空间溢出效应，而铁路对经济增长的正向溢出效应则较弱，甚至未通过显著性检验。江三良和尹志勤（2021）基于2008～2017年中国280个地级市的面板数据，采用结构方程模型（SEM）考察交通基础设施的空间溢出效应与产业三重集聚的关系，结果显示：交通基础设施在不同程度上塑造了三重产业集聚现象，而且跨区域的正向溢出效应明显；当前阶段，交通基础设施水平的改善对中西部地区的产业集聚尤为重要，而在东部地区可能正在上演着的"拥堵效应"，导致了生产性服务业的扩散。方领和王保喜（2021）基于我国30个省份1997～2017年的面板数据，验证铁路基础设施资本与区域经济增长的外溢关系，结果表明，省份以及地区之间的铁路外溢程度差异较大，从地区看，基本呈现华东 > 华北 > 中南 > 华南 > 东北 > 西南 > 西北的差异格局，与城市群高度相关；除北京、上海、江苏、浙江、山东外，陕西、贵州等省份铁路外溢效应较强。此外，刘勇（2010）、李涵和唐丽淼（2015）、吕承超和朱英俊（2016）、李祯琪和欧国立等（2016）、郭晓黎和李红昌（2017）也从不同视角利用全国数据进行了关于交通基础设施与空间溢出效应的研究。

此外，部分学者从特定区域出发开展了相关的实证研究。金江（2012）对珠江三角洲（以下简称"珠三角"）地区进行了空间溢出分析，研究发现，珠三角地区交通基础设施的投资每增加 1 个百分点，产出弹性将增加 19.6 个百分点，其中 10 个百分点源自空间溢出效应。丁黄艳（2016）采用 1997～2013 年长江经济带省级面板数据，从空间相关性和空间异质性两个角度实证研究了长江经济带基础设施发展与经济增长的空间特征。研究结果显示：长江经济带交通、能源基础设施呈空间溢出效应，信息基础设施呈空间竞争效应；信息基础设施的空间经济影响边际效果高于交通、能源基础设施，是长江经济带各地区率先取得竞争优势的关键。翟仁祥（2016）对长三角地区进行了研究，发现长三角区域经济一体化存在显著的正向空间自相关性，区域内各个地区间的经济融合发展具有明显的空间集聚和邻近区域的空间溢出效应，且物质资本、城市化具有空间挤出效应。郝凤霞和张诗葭（2021）通过构建空间杜宾模型实证检验了长三角城市群交通基础设施对经济聚集的影响，结果发现，以路网密度为代表的交通基础设施建设对于城市自身的经济集聚产生了负面影响，但其产生的空间溢出效应为周边城市带来了正向的影响。曹跃群等（2021）构建空间杜宾模型（SDM），并基于邻接、地理距离和经济距离 3 种权重矩阵，对 1995～2018 年中东欧国家交通基础设施的空间溢出效应进行深入探索。研究发现：中东欧国家公路交通基础设施资本存量占比最高，是航空、港口和铁路三类交通资本存量总和的 1.33 倍。

公路、航空交通的产出弹性为正，说明公路、航空交通发挥了较大经济促进作用，在考虑空间溢出的情况下，经济促进作用更加明显；而铁路、水运交通产出弹性表现为负或不显著。

（四）交通基础设施与区域经济一体化

由于边界效应通常可以反映区域经济一体化的程度，因此，国内大部分学者基于边界效应来进行关于交通基础设施与区域经济一体化的研究。李郇、徐现祥（2006）以长三角地区为例，运用巴罗（Barro）回归方程并基于重力模型分别对江苏、浙江、上海的边界效应进行了实证研究，研究发现上海与江苏的边界效应逐渐降低，上海与浙江的边界效应逐渐增加，江苏与浙江的边界效应逐渐降低。刘生龙和胡鞍钢（2011）在引力方程的基础之上引入交通变量，以此来验证交通基础设施对中国区域经济一体化的影响。实证结果表明：（1）2008 年中国省际贸易的边界效应处于 6～21 之间，这一数值与发达国家之间贸易的边界效应值比较接近；（2）交通基础设施的改善对中国的区域贸易产生了显著的正向影响；（3）交通基础设施越发达，边界效应越低，表明交通基础设施的改善对区域经济一体化具有明显的促进作用。何雄浪和张泽义（2014）以我国 1996～2011 年28 个省份的面板数据为研究对象，通过估计边界效应来分析我国国内市场一体化，结果显示：我国中西部贸易壁垒高于东部；我国的平均边界效应存在上升趋势；国内市场并非走向一体化，特别地由于财税制度的改革，2001 年平均边界效应增幅最快，之后各种经济区和经济带的建设使得增长率小幅下降；自然壁垒不是影响边界效应的主要因素，行政人为干预才是影响我国市场一体化进程的主要因素。何敏、郭宏宇和竺彩华（2015）通过实证研究得出中国与东盟各国之间的边界效应介于 3.51～9.52 之间；黄森（2014）则得出在 2011 年我国省际边界效应值介于 4～19 之间，且两个研究成果都发现交通基础设施的改善有利于降低边界效应。刘育红和王曦（2014）选取了"新丝绸之路"经济带最主要的城市2001～2011年交通基础设施的数据，在引力模型的基础上实证分析了交通基础设施对边界效应的影响，即对区域经济一体化的影响，结果显示交通基础设施的改善有利于降低边界效应，并对促进区域经济一体化具有显著作用。梁双陆和张梅（2016）根据麦克勒姆的边界效应模型，对我国与相邻国家的边界效应进行了检验。研究发现，我国与各个邻国具有明显的边界屏蔽效应，且出口贸易的边界屏蔽效应要大于进口贸易。此外，研究还发现，航空运输降低边界效应的作用最强，铁路和通信降低边界效应的作用最弱。霍强和蒋冠（2017）认为沿边的开发开放会促使边界效应逐渐从屏蔽效应转变成中介效应，并用贸易引力模型和面板数据对中国与东盟国家的边界效应进行了实证研究，结果显示边界对双方贸易会产生正向影响，边界呈现中介效应。张海涛（2017）选取丝绸之路经济带沿线城市的数据，构建边界效应模型进行了实证分析，结果显示，对于整体或者三条线路来说，普通公路相比高速公路更能降低边界效应，即更能促进区域经济一体化。此外，谭秀杰和周茂荣（2015）、沈飞（2015）、左喜梅（2016）、刘晓雷（2016）、车探来（2017）、冯宗宪（2017）、黄晓燕和秦放鸣（2018）、杨耀源（2018）等将相关研究扩展到了丝绸之路经济带和"一带一路"的区域经济一体化讨论中。

此外，也有学者从不同的视角、利用不同的研究方法开展相关研究。陈建军、郑广建和刘月（2014）基于交通流视角运用首位度、功能多中心指数、交通流量重心和集中化指数等分析方法，通过Arc-GIS等软件分析了高速铁路网络对长三角空间联系格局演化的影响。研究发现：（1）赫希曼—赫芬达尔指数的降低、功能多中心指数的增加以及交通流量重心从苏州境内向南京—杭州沿线的偏移都说明高速铁路交通流量分布更加均衡，整个区域正在由单功能中心向多功能中心转变；（2）集中化指数的降低表明高速铁路目前存在递增的边际效用，在当前阶段，修建新的高速铁路比提高已有高速铁路的通行频次更能有效地促进长江三角洲一体化。董洪超和蒋伏心（2020）以新经济地理学作为理论基础，根据冰山成本原理，将经济系统中流通领域的时间和运输成本定义为"交通—物流"成本，建立以交通基础设施作为解释变量，区域市场一体化为被解释变量的分析框架，对中国2001~2016年的铁路、高速公路、普通公路、内河航道以及代表性商品的市场分割构建模型展开分析。结果表明：中国的区域市场仍存在显著的分割现象，各地区间的市场一体化发展水平存在显著差异；城市群可以实现更高程度的市场一体化；东部地区应遵循"铁路优先，公路次之"的原则，而中西部地区则应遵循"铁路公路齐头并进"的原则。黄言等（2020）以成渝城市群为研究案例，利用复杂网络分析方法，探讨了交通设施网络和交通需求网络下城市群一体化格局，并分析了交通基础设施建设对城市群一体化的影响。结果表明：（1）交通基础设施建设拓展了城市间的联系渠道，有助于形成多中心、均衡化的交通设施网络格局，并塑造城市带和城镇密集区的雏形；（2）以客流衡量的交通需求网络依然呈现以成都和重庆主城为中心的双核心格局，多中心态势并不显著，但高铁的开通增强了城市客流网络；（3）交通设施网络的完善推动了成渝城市群形式一体化，但人口流动、产业合作等表现出的功能一体化水平依然偏低。

（五）丝绸之路经济带相关研究

国内部分学者针对丝绸之路经济带开展了相关研究。李忠民等（2011）通过构建面板数据模型，以我国东、西交通大动脉陇海—兰新铁路沿线涵盖的"新丝绸之路"经济带最重要的17个城市为样本，分析了这条经济带上的人力资本、交通运输能力、城市化水平、产业聚集、区域差距和市场规模等六个因素变量对经济增长的作用，根据交通基础设施的空间溢出效应的实证分析结果显示，交通基础设施的空间溢出效应为正。刘育红（2012）基于欧亚国家联手建设"新丝绸之路"的背景，运用动态计量经济学的协整理论和格兰杰因果关系检验法，对 1980～2010 年"新丝绸之路"经济带交通基础设施投资与经济增长的关系进行了平稳性检验，并运用向量自回归模型（VAR）及脉冲响应进行了分析，研究结果显示，"新丝绸之路"经济带交通基础设施投资与经济增长保持着长期的协整关系，且经济增长引致了交通基础设施投资的增长，而交通基础设施投资的增长又促进了经济增长。董锁成等（2014）指出丝绸之路经济带经济发展存在两端高中间低的格局，东亚、欧洲经济发展势头较好，而中亚、中东地区经济增长相对缓慢；丝绸之路经济带产业分工协作不合理，但发展互补性强；"沿路、沿海、沿河"的城市化空间格局特征明显，大陆桥已成为沿线城镇发展的空间主轴。王娟（2015）构建空间杜宾模型，分析了基础设施对丝绸之路经济带区域一体化的影响。结果发现，基础设施对丝绸之路经济带一体化有正向影响，且不同的基础设施的影响是不同的。曹小曙等（2015）采用地理信息系统（GIS）空间分析技术，对丝绸之路经济带栅格可达性的空间格局进行了研究，并对城市空间联系的陆上交通进行了模拟，研究发现，丝绸之路经济带沿线各个城市呈现集聚分布的特点，具有明显的走廊空间特征。丝绸之路经济带正在发育形成四条轴线，在未来丝绸之路经济带战略推进过程中，应实施点—轴带动，协同推进重点发展走廊和中心城市培育工作。张强和张映芹（2016）基于多种经济增长理论，选取影响丝绸之路经济带西北五省区多变量省际面板数据，构建交通基础设施建设对经济增长的空间溢出效应模型，分析结果为：2000～2014 年"丝绸之路经济带"交通基础设施促进了经济增长；不考虑空间溢出效应的测算结果放大了交通基础设施的贡献率；外地交通基础设施对本地经济增长存在正的空间溢出效应，2010 年以来此效应不断增强。张海涛（2017）选取 2003～2014 年丝绸之路经济带地级及以上城市的面板数据，构建空间误差模型实证分析了交通基础设施在新欧亚大陆桥、中南半岛经济走廊和中蒙俄经济走廊三条线上的空间溢出效应，并通过引力模型研究了交通基础设施对丝绸之路经济带区域经济一体化的影响。结果表明：交通基础设施一方面可以提升区域间的通达性、推动要素流动，进而对该地区和邻近地区的经济发展产生影响；另一方面可以降低区域间贸易成本、提高贸易效率，进而可能会促进区域经济一体化。马卫等（2018）基于 SDM 空间计量模型，分别构建邻接、地理距离、经济空间 3 种权重矩阵，从宏观—分区—国家 3 个层级测度 2000～2015 年丝绸之路经济带交通基础设施空间经济溢出效应。结果表明：（1）从宏观层面来看，交通基础设施对丝绸之路经济带经济发展存在正向的空间溢出效应，溢出效应约为直接效应的 10 倍。（2）从分区层面来看，西北五省存在正向的空间溢出效应，溢出效应约为直接效应的 2 倍；中亚区域、西亚区域均不显著；东欧区域存在正向的直接效应，但溢出效应并不显著。（3）从国家层面来看，交通基础设施的直接效应在空间上呈现出集聚分布的特征，东欧区域的直接效应要明显高于其他区域。

三、研究综述

综合以上研究成果可以发现，主要存在以下几方面的问题：

第一，基于新经济地理学理论进行机理分析时，关于"冰山运输成本"主要是针对区域间运输成本进行研究，较少涉及区域内运输成本。

第二，现有针对交通基础设施空间溢出效应的实证研究中，较少将产业集聚要素作为解释变量，对交通基础设施、产业集聚及经济增长三者之间关系的机理分析也不够清晰。

　　第三，丝绸之路经济带建设发展的目标是为了形成区域经济一体化，在实现这一目标的过程中，需要考虑到交通基础设施建设所起到的关键作用，而目前对于这方面的相关研究较少。

第三节　研究方法和可能的创新点

一、研究方法

　　第一，文献分析方法。收集、整理、归纳相关文献资料，并通过对这些文献资料进行研究分析，形成本书的研究思路和研究框架。在此基础上总结出本书与国内外相关研究成果的不同之处，从而形成创新点。

　　第二，比较分析方法。由于丝绸之路经济带沿线国家交通基础设施、产业及经济发展存在时间和空间上的差异，因此，本书结合相关数据进行了比较分析。通过比较分析，可以明晰丝绸之路经济带沿线不同国家交通基础设施、产业及经济发展的变化趋势以及具体的国别差异。

　　第三，实证分析方法。本书基于丝绸之路经济带沿线国家的面板数据构建空间溢出效应模型进行空间计量分析，实证分析结果中的间接效应，即丝绸之路经济带沿线国家交通基础设施的空间溢出效应。此外，本书还基于引力方程构建边界效应模型，对丝绸之路经济带交通基础设施与区域经济一体化进行实证检验。

二、可能的创新点

第一，研究区域的创新。现有关于交通基础设施空间溢出效应的研究成果中，以丝绸之路经济带沿线国家作为样本的文献较少，这为本书的研究提供了一定的创新空间。

第二，理论机理的创新。本书以新经济地理学理论的"中心—外围"模型为基础，形成了修正的局部溢出模型，并在模型中加入了区域内贸易的"冰山运输成本"，对运输成本、产业分布及经济增长之间的关系进行了更为细化的分析。

第三，实证分析的创新。在交通基础设施空间溢出效应的研究中，大部分的研究较少考虑到产业集聚因素。因此，本书根据丝绸之路经济带的相关数据，将产业集聚因素纳入研究中。

第四节　研究内容

本书的研究内容主要分为八章，具体如下：

第一章：绪论。首先，介绍了研究的背景和意义，从中提炼出本书研究的主要思想。其次，对国内外相关的研究成果进行了分析，从中总结相关的理论基础和研究方法，为本书提供参考和借鉴。再次，对所使用的研究方法以及存在的创新点进行总结，为本书的研究提供科学合理的研究方法，并寻找写作的创新空间。最后，对研究内容进行了介绍，明晰了本书研究的具体思路。

第二章：概念界定及理论基础。首先对所涉及的概念进行了界定，比如交通基础设施、丝绸之路经济带、产业集聚、空间溢出效应和区域经济一体化等，厘清相关概念的定义和内容。其次，借鉴前人的研究成果，对本书的理论基础进行梳理，包括经济增长理论、新经济地理理论、空间计量理论和区域经济一体化理论等。通过厘清相关概念及梳理相关理论，为下文的研究奠定基础。

第三章：交通基础设施空间效应理论分析。首先，基于克鲁格曼新经济地理理论中"中心—外围"模型，并结合鲍德温、马丁、奥塔维亚诺（2001 年）的研究构建了局部溢出模型，从理论的角度对运输成本、产业分布及经济增长的关系进行了探讨，为下文的实证研究奠定理论基础。其次，对空间溢出效应实证分析的理论进行了初步探索，为下文的实证分析提供了明确的思路。

第四章：丝绸之路经济带交通基础设施、产业、经济及贸易的发展分析。选取交通基础设施竞争力、产业竞争力、产业集聚度、全球竞争力、人均 GDP、人均国民总收入（GNI）等数据对丝绸之路经济带沿线国家交通基础设施、产业及经济的发展现状及趋势进行分析，为下文的实证分析提供可靠而翔实的数据支持。

第五章：丝绸之路经济带交通基础设施空间溢出效应研究。选取丝绸之路经济带沿线国家的相关数据，构建不同空间权重矩阵下的空间杜宾模型，从整体和分区两个层级来测算丝绸之路经济带交通基础设施的空间溢出效应。

第六章：丝绸之路经济带交通基础设施与区域经济一体化研究。选取丝绸之路经济带沿线国家的相关数据，基于扩展贸易引力模型来估计整体、分区、国别三个层面的边界效应值，进而通过边界效应值来分析区域经济一体化的程度并研究分析交通基础设施在区域一体化中的影响作用。

第七章：丝绸之路经济带交通基础设施国际合作研究。首先，进行了丝绸之路经济带交通基础设施国际合作的机理分析。其次，基于六大经济走廊的实践案例，对丝绸之路经济带交通基础设施的国际合作项目进行了探讨。最后，在东北、西北、西南三大门户地区进行了具体部署以探讨丝绸之路经济带交通基础设施国际合作的对策。

第八章：结论与政策建议。针对全书的研究进行总结，并在总结的基础上提出相应的政策建议。

第二章 概念界定及理论基础

本章首先通过总结现有文献资料，对研究过程中所涉及的概念——交通基础设施、丝绸之路经济带、产业集聚、空间溢出效应和区域经济一体化等进行界定，厘清相关概念的定义和内容。其次，借鉴前人的研究成果，对本书的理论基础进行梳理，其中包括经济增长理论、新经济地理理论、空间计量理论和区域经济一体化理论等。通过厘清相关概念及梳理相关理论，为下文的研究奠定基础。

第一节 概 念 界 定

一、交通基础设施

关于交通基础设施的概念，张学良（2009）将交通基础设施定义为一种用于生产的基础设施，可以为货物和旅客提供运输服务，主要的形式包括铁路、公路、机场、港口以及管道等。此外，还分析了交通基础设施具备的网络性和外部性特征，这两种特征的存在使得交通基础设施可以产生空间溢出效应，即交通基础设施对其他地区的经济也会产生影响。[①] 任晓红（2010）将交通基础设施定义为可以降低运输成本的公共物品，运输成本的下降会对企业的选址产生影响。[②] 姚影（2009）在从城市集聚的角度对城市进行研究的过程中，认为城市交通基础设施属于生产性投入的公共资源，是可以在一个城市的区域范围内进行共享的，它可以促进各种生产要素和经济行为产生正向的外部性，降低该城市区域内各经济单元的成本。[③] 宋英杰（2013）基于新经济地理学理论，认为交通基础设施是在空间上可以共享的，其主要的作用是将人或物在空间上进行转移，并通过改变运输成本对市场的交易成本产生影响。[④]

　　在参考以前学者研究的基础上，笔者认为交通基础设施本质上是一种政府为经济发展而提供的公共物品，其可以为居民生活、企事业单位提供运输服务，是维持一个国家各类经济活动正常运行的基本条件。交通基础设施除了公共物品所具有的非排他性和非竞争性外，还具有网络性和外部性的特征，这两种特征使得交通基础设施不仅可以影响本地的经济发展，还可以影响周边地区的经济发展。一般来说，交通基础设施包括铁路、公路、内河航运、航空运输及管道五种，由于丝绸之路经济带主要针对陆上交通，因此，本书研究的交通基础设施的范围基本界定为铁路和公路。

二、丝绸之路经济带

　　"丝绸之路"具有悠久的历史，在约两千年前的西汉时期就已经

――――――――――

　　① 张学良. 交通基础设施、空间溢出与区域经济增长 [M]. 南京：南京大学出版社，2009.
　　② 任晓红. 交通基础设施、要素流动与制造业区位 [D]. 重庆：重庆大学，2010.
　　③ 姚影. 城市交通基础设施对城市集聚与扩展的影响机理研究 [D]. 北京：北京交通大学，2009.
　　④ 宋英杰. 交通基础设施的经济集聚效应 [D]. 济南：山东大学，2013.

开始形成。公元 138 年张骞率领使团出使西域，途中将极具中国特色的丝绸引入了中亚、南亚、西亚、北非以及部分东欧地区。德国地理学家李希霍芬在其 1877 年所著的《中国》一书中将张骞出使西域的通道命名为"Seidenstrassen"（即丝绸之路）。[①] 之后，丝绸之路这个名称开始被进行相关研究的学者们所接受。由此可知，"丝绸之路"兼具历史学和地理学的意义，自古以来就是东西方进行经济贸易合作、交流的通道。

以此历史背景为基础提出的丝绸之路经济带既是对于历史的传承，又符合当前国际经济形势的战略构想，可以推进我国与中亚、南亚、西亚、北非和部分欧洲区域的经贸合作。丝绸之路经济带倡议自提出以来，就成为学术界关注的热点话题，众多学者开始基于此倡议对丝绸之路经济带沿线国家和地区进行相关研究，研究的重点领域包括经济增长、国际合作、产业发展、基础设施以及空间经济等。

曹小曙等（2015）认为丝绸之路经济带是一种跨国经济带，交通线路与城市的发展，以及两者之间的联系形成了丝绸之路经济带的基本形态，其对丝绸之路经济带的研究区域范围界定为中国西北五省区以及中亚地区、西亚地区、东欧地区、南亚地区的 30 个国家。[②]

基于"一带一路"倡议的整体框架，针对丝绸之路经济带的定位，再考虑到数据的可获取性，本书选取了丝绸之路经济带沿线的 30 个国家作为研究的样本对象，主要涉及的国家包括：东亚地区的蒙古国；南亚地区的阿富汗、巴基斯坦和印度；中亚地区的哈萨克斯坦、吉尔吉斯斯坦、塔吉克斯坦、乌兹别克斯坦和土库曼斯坦；独联体国家的俄罗斯、乌克兰、白俄罗斯、格鲁吉亚、阿塞拜疆、亚美尼

①　Richthofen. China ［M］. Berlin：Dietrich Reimer, 1877.
②　曹小曙，李涛，杨文越，等. 基于陆路交通的丝绸之路经济带可达性与城市空间联系 ［J］. 地理科学进展，2015，34（6）：657 –664.

亚和摩尔多瓦[①]；西亚北非地区的伊朗、伊拉克、土耳其、约旦、黎巴嫩、以色列、沙特阿拉伯、也门、阿曼、阿联酋、卡塔尔、科威特、巴林和埃及。

三、产业集聚

集聚一词来源于地理学，指的是在一定时期内，生产要素和资源向某区域集中的现象。马歇尔（Marshall，1890）是最早在经济学领域中引入集聚概念的，其基于工业集聚的情况提出了"产业区"的概念。对于"产业区"，马歇尔指出企业会集聚在产业区内，形成企业群。[②] 在马歇尔之后，越来越多的学者开始对产业集聚进行研究。其中，迈克尔·波特（Michael E. Porter，1990）在其著作《国家竞争优势》中对产业进行了相关研究，并提出了产业集群的概念，将其定义为具有竞争关系或交互关联关系的企业及相关机构在特定的区域集中，进而形成相应的群体。[③] 克鲁格曼（1991）的新经济地理学指出在以垄断竞争和规模报酬递增为基础的经济条件下，基于"中心—外围"模型结构，制造业的经济活动会逐渐向中心区域集中。[④] 国内学者对产业集聚也有明确的界定，如王建刚和赵进（2001）指出产业集聚是属于同类产业的一些企业在地理上形成集中的趋势，如生产同类产品的企业在空间地理上形成集聚，或者销售同类产品的企

---

① 目前，独联体有俄罗斯、白罗斯、摩尔多瓦、亚美尼亚、阿塞拜疆、塔吉克斯坦、吉尔吉斯斯坦、哈萨克斯坦、乌兹别克斯坦等9个成员国。乌克兰作为独联体三大奠基者之一，于2018年退出独联体；格鲁吉亚于2008年退出独联体。为便于研究，本书将塔吉克斯坦、吉尔吉斯斯坦、哈萨克斯坦、乌兹别克斯坦4国列入中亚区域，同时，仍将乌克兰、格鲁吉亚列入独联体区域。下文同。

② Marshall, A. Principles of Economics [M]. Macmillan, 1890.

③ 迈克尔·波特，国家竞争优势 [M]. 李明轩，邱如美，译. 北京：中信出版社，2012.

④ Krugman P. Increasing Returns and Economic Geography [J]. Journal of Political Economy, 1991, 99 (3): 483 - 499.

业在空间地理上形成集聚等。[①] 李波（2016）认为产业集聚是核心产业和相关产业的企业大量集聚在一个地理范围内，企业之间相互联系，相互作用，发挥集聚经济效应，减少生产成本，实现利润最大化。[②]

综上所述，关于产业集聚的概念可以界定为：一定数量关联产业的企业集中在某一地理区域内，企业之间相互联系，形成集聚效应。通过产业集聚，可以使产业竞争力得到提高，区域内企业的生产效率也会在一定程度上有所提高。

关于产业集聚的测算，存在多种方法，常见的有赫芬达尔—赫希曼指数、区位熵、空间基尼系数、Hoover 指数等。

（一）赫芬达尔—赫希曼指数

赫芬达尔—赫希曼指数最早源于赫希曼（Hirschman，1945）提出的市场集中度指数，赫芬达尔（Herfindahl，1950）在他的博士论文中对赫希曼的市场集中度指数进行了修正，因此，市场集中度指数被称为赫芬达尔—赫希曼指数（Herfindahl - Hirschman Index，HHI）。该指数指的是某一行业中所有企业在该行业中的市场份额的平方之和，它可以用来反映行业中企业之间规模的差异，并衡量行业的集中程度。赫芬达尔—赫斯曼指数（HHI）的数值处于以下范围内：0 < HHI < 1，在该取值范围内，指数的数值越大，表明行业的集中程度越高，即产业集聚度越高；反之，则行业的集中程度越低，即产业集聚度越低。如果 HHI 处于两个极端情况，即：当 HHI 取值为 1 时，产业集聚达到了极端最大，即该行业完全集中于一个地区；当 HHI 取值为 0 时，产业集聚度最小，即该行业极其分散，每个企业都分布

---

①　王建刚，赵进. 产业集聚现象分析 [J]. 管理世界，2001（6）：192 – 196.
②　李波. 贸易便利化、产业集聚与企业绩效 [D]. 昆明：云南大学，2016.

在不同的地区。[1] HHI 具体的表达式为：

$$HHI = \sum_{i=1}^{n} \left(\frac{X_i}{X} \right)^2 \qquad (2-1)$$

其中，X_i 为任意一个行业中企业 i 的总产值（或就业人数），X 为任意一个行业的总产值（或就业人数），n 为任意一个行业中的企业数量。

（二）区位熵

区位熵（location quotient，LQ）最早由哈格特（Haggett，1965）在研究经济活动空间分布时提出的，它用于度量某一行业在某一地区的空间分布情况，区位熵取值越大，表明该行业在该区域的集聚程度越高。区位熵大于 1，表明该地区该行业的集聚程度较高；相反，区位熵小于 1，则表明该地区该行业的集聚程度偏低。[2] 区位熵的具体计算公式如下：

$$LQ_{ij} = \frac{X_{ij}/X_j}{X_i/X} \qquad (2-2)$$

其中，LQ_{ij} 为 j 地区 i 行业的区位熵，X_{ij} 为 j 地区 i 行业的增加值（或就业人口），X_j 为 j 地区所有行业的增加值（或就业人口），X_i 为全区域 i 行业的增加值（或就业人口），X 为全区域所有行业的增加值（或就业人口）。

（三）空间基尼系数

空间基尼系数是克鲁格曼（Krugman，1991）在《地理与贸易》一书中把美国东北部、中西部、南部和西部四部分的地方专业化程度

---

① Herfindahl, O. Concentration in the U. S. Steel Industry [D]. Columbia University, 1950.

② Peter, Haggett. Locational Analysis in Human Geography [M]. Edward Arnold, 1965.

与欧洲的法国、德国、意大利和英国①四国地方专业化程度进行类比时提出的,② 国内学者文东伟和冼国明（2014）修正后，用于衡量产业的空间集聚程度。它是指某一地区任意一行业就业在全国该行业的就业占比与该地区就业在全国就业的占比之差的平方在所有地区层面的加总。该系数取值位于 0 ~ 1 之间，当系数取值为 1 时，表明产业完全集聚于一个地区，当系数取值为 0 时，表明产业分散均匀。具体计算公式为：

$$G_i = \sum_j \left(\frac{X_{ij}}{X_i} - \frac{X_j}{X} \right) \qquad (2-3)$$

其中，G_i 为 i 行业的空间基尼系数，X_{ij} 为地区 j 行业 i 的总就业人数，X_i 为全国 i 行业的就业人数，X_j 为 j 地区所有行业的就业人数，X 为全区域所有行业的就业人数。

（四）Hoover 指数

Hoover 指数最早是由胡佛（Hoover，1936）测算美国各个行业的专业化水平时提出的。简单来说，Hoover 指数是建立在区位熵的基础上，而后根据基尼系数的计算方法而展开测算的。③ 具体步骤为：第一步，根据式（2-2），计算区位熵（相应变量的取值及其含义与式（2-2）完全相同），并把任意行业 i 所有区域的区位熵按降序排列，得到全部的区域序列组合；第二步，计算任意 i 行业 j 地区的总产值在该行业所有地区总产值的占比（X_{ij}/X_i），然后把每个地区 i 行业的产值占比按从小到大的顺序排列，计算第 j 个地区 i 行业的累计占比（$\sum_j X_{ij}/X_i$）并标记在 Y 轴上；同理，计算任意地区 j 所有行业的总

---

① 2020 年 1 月 31 日，欧盟正式批准英国脱欧。

② Krugman P. Geography and Trade ［M］. The MIT Press, 1991.

③ Hoover, E. M. The Measurement of Industrial Localization ［J］. Review of Economics and Statistics, 1936（18）：162 - 171.

产值在全国所有行业总产值的占比（X_j/X），然后把每个地区所有行业的产值占比按从小到大的顺序排列，计算第 j 个地区所有行业的累计占比（$\sum_j X_j/X$）并标记在 X 轴上；第三步，集合 X 轴和 Y 轴，并根据数据在坐标轴上描点，即可展现 i 行业的集聚曲线。此外，还在坐标轴中添加一条 45 度线，其代表每个地区 i 行业的产值占比与每个地区所有行业的产值占比相同，此时，行业 i 在区域内均匀分布，相应的区位熵为 1；同时借鉴基尼系数的算法，Hoover 指数为行业集聚曲线与 45 度线所围成部分的面积在 45 度线与 X、Y 轴所围成部分的面积占比，占比取值范围在 0～1 之间，占比越小，Hoover 指数越小，产业分布越均匀，反之，Hoover 指数越大，产业分布越集中。

　　基于以上四种对产业集聚测算方法的分析，考虑到方法的常用性以及数据的可获得性，本书将采用区位熵来对丝绸之路经济带沿线国家的产业集聚度进行测算。

四、空间效应

　　本书研究的空间效应，主要指空间溢出效应。空间溢出效应通常指一个国家或地区的某项经济行为不仅会对本国或本地区的经济产生影响，还会对周边国家或地区的经济产生影响。关于空间溢出效应，内生增长理论在研究中认为，经济增长的主要来源是生产要素的投入和知识技术的应用，而某些特别区域的经济增长可能会受到其他周边区域的影响，这种影响可以视为空间溢出效应。而在新经济地理学理论中，以规模报酬递增、垄断竞争等条件为基础，运用冰山运输成本进行研究，并引入空间因素，指出在空间因素、规模经济报酬递增和冰山运输成本的作用下，制造业将在空间上趋向于形成集聚，集聚到一定程度后，会向其他区域开始扩散，进而带动这些区域的经济增长。本书的研究就是基于新经济地理学理论，来探讨交通基础设施的空间溢出效应，在此研究背景下，一个地区交通基础设施的建设会降低运输成本，提高运输效率，促进贸易、分工、专业化和产业集聚，进而促进经济的增长。同时，又存在网络性和外部性的特征，网络性可以使不同的地区联系起来，推动生产要素、资源和商品在地区间流动，外部性可以使交通基础设施的建设对其他地区产生影响。在这两种特征的作用下，一个地区交通基础设施的建设除了会对本地经济产生影响外，还会对其他地区的经济产生影响，对其他地区经济产生的影响即可视为交通基础设施的空间溢出效应。

五、区域经济一体化

(一) 区域经济一体化的概念

区域经济一体化的发展在20世纪50年代后期达到了第一次高潮，学术界对区域经济一体化的研究也日益增多，由于研究的侧重点不同，对区域经济一体化的定义也有一定的差异。丁伯根（Tinbergen，1954）最先提出区域经济一体化定义，他认为经济一体化就是将阻碍经济最有效运行的人为因素消除，通过相互协调与统一，创建最适宜的国际经济结构。他还对经济一体化进行了分类，将其分为消极一体化和积极一体化。积极一体化就是采用强制力量和手段改变现状，以此建立新的自由化政策和制度；消极一体化就是引入经济变量自由化，消除歧视和管制。1962年，美国经济学家巴拉萨（Balassa Bela）发展了丁伯根的区域经济一体化定义，认为"经济一体化既是一个过程，又是一种状态，就过程而言，它包括旨在消除各国经济单位之间差别的各种措施；就状态而言，则表现为各国间各种形式的差别待遇的消失"。① 维多利亚·柯森（Victoria Curson，1974）对巴拉萨（Balassa Bela，1962）定义中的"过程"解释为趋向全面一体化的成员国间生产要素再配置；对定义中的"状态"解释为完成一体化的国家间生产要素的最佳配置。② 彼得·罗布森（Peter Robson，1991）指出区域经济一体化主要有三个特点：一是成员国之间不存在区别对待；二是对非成员国存在区别对待；三是成员国之间拥有相同的特性或类似的经济策略。③

学界对区域经济一体化的看法仁者见仁，智者见智。笔者通过对国内外学者关于区域经济一体化的定义进行梳理后认为，区域经济一体化指的是在地理位置上较为相近的两个或两个以上地区，通过相应的约定或协议，制定共同的政策措施，消除相互之间的壁垒和障碍，以此来推动经济上的联合，实现一体化区域内生产要素和商品的自由流动，促进区域内的贸易、分工与专业化，以不断提高一体化区域内整体的经济福利。

由于边界效应通常用于研究区域经济一体化问题，因此，本书对于区域经济一体化的研究主要基于边界效应来进行。边界通常是国家与国家之间的界线，体现着国家的领土和主权，边界效应指的是国家与国家之间在地理上的边界对双边经济的影响作用。通常来说，边界效应包括两个方面：边界屏蔽效应和边界中介效应。其中，边界屏蔽效应指的是国家与国家之间因为边界的存在而产生一定的矛盾或冲突，对双边的经济产生了阻碍的作用，这是一种负面的影响；边界中介效应指的是国家与国家之间的边界是两国经济的连接线，边界的存在为双边的经济合作提供了更多的机会。简单来说，边界一方面作为

①　Balassa Bela. The theory of economic integration［M］. Allen & Unwin, 1962.
②　Victoria Curson. The Essentials of Economic Integration［M］. St. Martin's Press, 1974.
③　Peter Robson. The Economics of International Integration［M］. Unwin Hyman, 1991.

界线对双边经贸合作产生屏蔽影响，另一方面作为连接线可以为双边经贸合作提供机会。因此，边界效应是屏蔽效应和中介效应共同作用的结果。

（二）区域经济一体化的作用

区域经济一体化是市场经济发展到一定阶段的产物。由于交通、信息技术和互联网的发展，实行市场经济的国家增多，各国开放程度不断提高，这些都在一定程度上加速了区域经济一体化的进程。各国或地区参与区域经济一体化的目的很显然是为了在此过程中获得经济利益。区域经济一体化主要具有以下几方面的作用：

1. 区域经济一体化有助于促进经济全球化

区域经济一体化内部经济组织联系程度的强弱和全球化的发展程度密切相关，区域经济一体化内部经济组织联系的加强，是经济全球化发展的重要基础。目前，美国和英国等国家在区域内采取贸易保护主义、设置贸易壁垒等逆全球化行为，并不能说明区域经济一体化阻碍了经济全球化的发展，也无法决定全球化的发展方向，因为区域经济一体化的本质就是若干地区、若干国家之间消除贸易障碍、形成利益共同体，最终实现经济一体化。因此，丝绸之路经济带沿线国家的区域经济一体化，对促进经济全球化发展具有重要作用。

2. 区域经济一体化有助于实现区域间优势互补

无论是一个国家内的各区域还是世界范围的各区域，其自然条件和比较优势肯定是不同的，只是差别的程度不同而已，这就决定了各区域具有互补性和竞争性。竞争性是指各区域的劳动力、自然资源、资本和技术等生产要素的差异性较小，各区域会生产相似产品并进行激烈竞争；而区域经济的互补性是指这种差异性较大，区域之间会在生产要素的供求关系上形成相互依赖。与此同时，区域经济的互补性与竞争性既有按照生产要素的差别来定义的潜在互补性和竞争性，又有以生产出的产品的差别来定义的现实互补性和竞争性。由于区域内部具有这种互补性和竞争性，区域经济一体化组织内各国家或地区之间可以通过资源整合、优势互补、共享发展等方式更好地发展经济。因此，区域经济一体化有助于区域内优势互补，实现效益最大化。

3. 区域经济一体化有助于规模经济的实现

区域经济一体化的规模经济既指区域规模的大小所实现的规模经济，又指生产要素的大小和水平的高低所实现的规模经济，因此，区域经济一体化具有两层含义。对于区域规模的大小，不同的学者有不同的观点，有的学者认为可以根据地理面积的大小来界定，有的学者认为可以根据人口指标的大小来界定，有的学者认为可以根据国民生产总值的大小来界定。对于生产要素的大小和水平的高低，在实施区域经济一体化的过程中，各生产要素得以自由流动和优化配置，使得各种生产要素由一个国家或地区拓展到多个国家或地区，并使各种产品的生产规模日益扩大，从而助推规模经济的实现。

4. 区域经济一体化有助于降低交易成本

区域经济一体化包括劳动力、资本、信息、技术等生产要素以及产品和服务等逐步统一的发展演化过程，也就是市场的一体化过程。在市场的一体化过程中，只有降低交易成本，才能实现产品和生产要素的自由流动和优化配置。通过降低关税、减少贸易壁垒，或者由于交通、信息技术的发展，促使运输成本降低，都可以推动区域经济一体化进程的加快。

第二节 理论基础

一、经济增长理论

（一）经济增长的定义和测度

经济增长通常包括狭义的经济增长和广义的经济增长。其中，狭义的经济增长指的是经济在数量方面的增长，例如国内生产总值（GDP）的增加；而广义的经济增长则指的是经济在数量和质量两方面的增长。由于本书的研究主要集中于实证分析方面，因此，本书主要选择狭义的经济增长来进行分析。对于经济增长的定义，有人定义为"在一段较长时期内区域经济产生的物质产品和服务的数量的持续增加"。[①] 也有人定义为"一个国家实际的国内生产总值（GDP）的年增长率"。[②] 经济增长还被定义为"以固定价格计算的人均国民收入的某种度量的变化率，通常可以利用三个指标来衡量经济增长，即国民收入（NI）、国内生产总值（GDP）和国民生产总值（GNP）"。[③]

通过以上学者的研究，可以将经济增长概括为一个国家或地区的总产量或者人均产量在一定时期内的持续增加，可以用经济增长率来

---

① 格林沃尔德. 现代经济词典 [M].《现代经济词典》翻译组，译. 北京：商务印书馆，1981.
② 保罗·萨缪尔森，威廉·诺德豪斯. 经济学 [M]. 萧琛，译. 北京：商务印书馆，2012.
③ 约翰·伊特韦尔. 新帕尔格雷夫经济学大辞典 [M]. 陈岱孙，等译. 北京：经济科学出版社，1996.

测度，测度指标一般选取国内生产总值（GDP）或人均国内生产总值。一个国家或地区经济增长率的测度公式可表示为：

$$g = \frac{G_t - G_{t-1}}{G_{t-1}} \tag{2-4}$$

其中，g 为经济增长率；G_t 表示第 t 年的 GDP，G_{t-1} 表示第 $t-1$ 年的 GDP。该公式表示了第 t 年的国内生产总值 GDP 相比第 $t-1$ 年的国内生产总值 GDP 的增长率，即为经济增长率。

（二）经济增长理论与模型

在古典经济学中，亚当·斯密（Adam Smith）、大卫·李嘉图（David Ricardo）和马尔萨斯（Malthus）对于经济增长分别进行了分析，其中，亚当·斯密在其《国富论》中指出可以通过两种途径来实现经济增长："一是可以通过增加生产性劳动者的数量；二是可以通过提高劳动者工作时的熟练程度和技能。"[①] 大卫·李嘉图和马尔萨斯则是在亚当·斯密研究的基础上，指出除了劳动力之外，资本量也会引起经济增长。

新古典经济学对经济增长的来源进行了扩张，认为经济增长的来源，除了古典经济学中的劳动力和资本量之外，还应包括技术因素。马歇尔（1890）在其所著的《经济学原理》中指出，人口数量的增加、财富的积累、智力水平的提高、分工协作能力的提升等，都会更好地促进工业产品的生产，进而促进经济增长。[②] 因此，新古典经济学将影响经济增长的因素在劳动力增加和资本积累的基础上，扩展增加了技术因素、智力水平以及分工协作等。

1. 新古典经济增长模型

索洛（Solow，1956）结合总量分析和完全竞争的生产理论，建

---

① 亚当·斯密. 国富论 [M]. 唐日松，等译. 北京：华夏出版社，2005.
② 马歇尔. 经济学原理 [M]. 北京：中国社会科学出版社，2008.

立了新古典经济增长模型，也称为索洛模型。索洛模型分析了在两部门经济中，生产部门的资本积累与经济增长之间的关系。生产部门的投入要素为资本（K）和劳动力（L），在不考虑技术进步的因素时，生产函数可以表示为：

$$Y = F(K, L) \qquad (2-5)$$

索洛模型满足以下几个基本假设：

（1）边际产出递减：$\dfrac{\partial F}{\partial K} > 0$，$\dfrac{\partial^2 F}{\partial K^2} < 0$，$\dfrac{\partial F}{\partial L} > 0$，$\dfrac{\partial^2 F}{\partial L^2} < 0$；

（2）规模报酬不变，$F(\lambda K, \lambda L) = \lambda \cdot F(K, L)$，$\lambda > 0$；

（3）稻田条件，$\lim\limits_{k \to 0} F_k = \lim\limits_{l \to 0} F_l = \infty$，$\lim\limits_{k \to \infty} F_k = \lim\limits_{l \to \infty} F_l = 0$。

2. 内生增长模型

20世纪80年代，罗默（Romer，1986）提出了基于内生技术变化思想的经济增长模型。在该增长理论模型中，技术因素被内生化，其指出经济增长不只是单纯地依靠劳动力和资本等外部因素，还需要考虑知识、技术、分工和专业化等内生性的因素，经典的模型有阿罗—谢辛斯基模型、罗默模型、卢卡斯模型。

（1）阿罗—谢辛斯基模型。阿罗（K. Arrow，1962）在其发表的《边干边学的经济含义》（*The Economic Implications of Learning by Doing*）一文中，指出知识（learning）通过溢出而导致内生性的知识因素发生变化，进而促进经济增长。该论文是内生经济增长理论的初始性研究，为后续的内生增长理论奠定了理论基础。[1] 在阿罗的研究中，存在两个基本的假设条件：一是假设"learning by doing"和知识是物质资本的副产品，因此，当生产者的资本存量增加时，其知识方面的存量也会相应增加；二是假设存在知识溢出效应，该假定意味着生产者的技术变化是"边干边学"并且会影响经济资本存量的函数。

---

[1] Arrow, K. J. The Economic Implications of Learning – by – Doing [J]. Review of Economic Studies, 1962 (29): 155 – 173.

1967 年，谢辛斯基（E. Sheshinski）在对阿罗模式进行处理之后，提出了简化模型，即阿罗—谢辛斯基模型。在该模型中，现期的产出 $Y(t)$ 会在现期的消费 $C(t)$ 和投资 $I(t)$ 之间进行分配，而产出和资本 $K(t)$、劳动力 $L(t)$ 有关。因此，在假定条件下生产函数公式可以表示为：

$$Y(t) = C(t) + I(t) = F[K(t), A(t)L(t)] \qquad (2-6)$$

其中，$A(t)$ 是生产知识水平，$A(t)L(t)$ 为有效劳动。该函数具有规模收益不变和递减的边际替代率，并且该模型认为"边干边学"的产生只是生产的副产品。然而在现实中，科研、技术、培训和教育等都会使"边干边学"比较容易发生，因此，该模型还有待完善。

（2）罗默模型。在新古典经济增长理论中，技术被认为是外生因素。罗默对该理论进行了修正，认为若是增加专业化中间产品的积累，并将知识积累作用于经济，就会产生持续的经济增长。罗默的模型有三个基本假设：假设一，技术变化，技术的变化为资本的积累提供了动力，从另一个方面影响资本积累进而影响经济增长，因此，技术进步是经济增长的一个内生因素；假设二，知识和技术不是私人经济品，虽然具有非竞争性和部分排他性的特征，但也不同于公共品，它介于两者之间；假设三，具有非凸性，这意味着知识、技术的生产和传播不能完全由市场来控制。罗默的研究认为经济中包括了研发部门、中间产品部门以及最终产品部门，在这三个部门中，研发部门被认为是经济持续增长的关键。

（3）卢卡斯模型。卢卡斯（Lucas）在其发表于 1988 年的论文《论经济发展的机制》中，突破新古典经济增长分析，将人力资本理论纳入经济增长新的驱动研究中。[①]

卢卡斯认为新古典经济增长模型存在两个问题：一是新古典经济增长模型不能很好地说明各个国家之间在经济增长效率上的差异；二是新古典经济增长模型认为随着国际贸易的进行，各个国家之间人均资本量和生产要素的价格可以逐渐达到均衡，这显然是难以实现的。因此，卢卡斯考虑建立新的模型，将经济增长的动力由技术进步变为人力资本，其生产函数的表达式为：

$$Y(t) = AK(t)^{\beta}[u(t)h(t)N(t)]^{1-\beta}h_a(t)^{\gamma} \qquad (2-7)$$

其中，$Y(t)$ 表示第 t 年的产出；$K(t)$ 表示第 t 年的物质资本存量；$N(t)$ 表示第 t 年的总人口；$u(t)$ 为劳动者投入到当前生产活动的时间；$h(t)$ 为工人所具备的人力资本水平；A 为当前给定的表示技术水平的参数，并且被假定为常数；$h_a(t)$ 为社会平均人力资本水平，$h_a(t)^{\gamma}$ 反映人力资本的外部效应。

卢卡斯认为在人力资本投入的两种形式（$h(t)$ 与 $h_a(t)$）中，人力资本的外部效应具有核心作用，并且这些效应逐渐扩散，使得所有生产要素的生产效率都有所提高。由此可知，存在外部效应的人力资本是经济增长的动力之一。

二、新经济地理理论

克鲁格曼于 1991 年发表了论文《规模报酬递增与经济地理》（*Increasing Returns and Economic Geography*），该论文被称为新经济地理理论的开山之作。文中，克鲁格曼通过构建"中心—外围"模型，将运输成本、规模报酬递增和垄断竞争等要素纳入理论分析和企业区

---

① Lucas. On the mechanics of economic development [J]. Journal of Monetary Economics, 1988 (22): 3 – 42.

位选择以及区域经济增长的问题中。[①]

(一) 三大要素

新经济地理学在分析中主要加入了三大要素：冰山运输成本、垄断竞争和规模报酬递增，同时结合一般均衡分析框架，从根本上解决了厂商层面规模报酬（即微观层面）不相容于一般均衡分析的问题。

1. 冰山运输成本

在新经济地理学的理论研究中，"冰山运输成本"是非常重要的一个要素。萨缪尔森最早将"冰山运输成本"进行了模型化研究，他认为在交易的过程中，有一定比例的产品会被"融化"掉，其余的产品会到达终点。在这个过程中，被"融化"掉的那一定比例的产品可视为交易的成本，即"冰山运输成本"。[②] 这种模型化研究使得"冰山运输成本"成为空间经济理论研究中的重要工具。

在新经济地理学理论中，"冰山运输成本"是地理距离的连续方程，在该研究中，商品在其他地区的销售价格是在本地的销售价格的 $e^{-\tau D}$ 倍，其中，τ 是商品在运输过程中"融化"掉的那一部分，即"冰山运输成本"，而 D 是运输的距离。对 $e^{-\tau D}$ 取对数可得，商品销售价格和运输距离之间的弹性系数为 $-\tau$。由此可以说明，距离的衰减率是保持固定不变的。

2. 垄断竞争

在现实世界中存在大量的垄断现象，早在20世纪30年代，很多经济学家就开始关注垄断竞争的问题。其中，在1933年，张伯伦（Chamberlin）的《垄断竞争理论》（*The Theory of Monopolistic Compe-*

① Krugman P. Increasing Returns and Economic Geography [J]. Journal of Political Economy, 1991, 99 (3): 483 –499.

② Paul A. Samuelson. The Transfer Problem and Transport Costs, Ⅱ: Analysis of Effects of Trade Impediments [J]. The Economic Journal, 1954 (64): 264 –289.

tition）和罗宾逊（J. Robinson）的《不完全竞争经济学》（*The Economics of Imperfect Competition*）就对垄断竞争进行了深入研究。但是，对于垄断竞争进行模型化的研究遇到了很多问题。目前主要以迪克希特和斯蒂格利茨（Dixit & Stiglitz，1977）框架为主要方法，Dixit – Stiglitz 垄断竞争也成为新经济地理学理论研究的一个不可或缺的条件。

3. 规模报酬递增

企业在生产过程中，当生产要素按照相同的比例进行变化时，产量也会发生一定的变化，即为规模报酬的变化。规模报酬变化包括三种情况：规模报酬递增、规模报酬不变和规模报酬递减。企业刚开始投入生产时，随着生产规模的逐渐扩大，可以利用更先进的技术和设备，促进生产效率的提高，进而产生规模报酬递增；当生产规模扩大到一定程度时，产量增加的比例与生产要素增加的比例达到了相同，这时进入了规模报酬不变阶段；随着生产规模的继续扩大，生产各方面开始出现难以协调的情况，生产效率开始下降，这时出现了规模报酬递减。

新经济地理学理论中，用"中心—外围"模型对产业集聚形成的原因进行了分析，制造业处于中心，农业处于外围。这种区位因素取决于规模报酬和交通基础设施的相互影响，便利的交通基础设施能够有效降低生活和生产成本，吸引更多工厂和周边居民，反过来，更多的工厂和居民聚集又会促进交通基础设施的改善。而规模报酬在"中心—外围"模型的制造业企业中是呈现递增现象，在农业中是呈现不变的情况。由于规模报酬递增的存在，制造业企业将会持续扩大生产规模，逐渐形成产业集聚。

（二）理论核心

新经济地理理论的核心是"中心—外围"模型，该模型主要用于研究分析如何形成一个地区的中心以制造业为主，而地区的外围以农业为主。"中心—外围"模型展示了两个原本具有同等外部条件的区域，受规模报酬递增、运输成本及垄断竞争等几方面作用的影响，而使得两个地区的结构发生了变化。

同时，在"中心—外围"模型中包括本地市场效应、价格指数效应、市场拥挤效应三种效应。本地市场效应指的是制造业企业在进行区位选址时，市场规模比较大的地区通常会是企业的最优选择；价格指数效应反映的是制造业企业的区位选址对当地居民生活成本的影响，制造业企业选择进行生产的地区，产品生产较为丰富，由于支付的运输成本较少，当地的居民在购买产品时的价格通常比其他地区低；市场拥挤效应指的是制造业企业在进行区位选址时，竞争者较少的地区通常比较受青睐。在这三种效应中，本地市场效应和价格指数效应通常会产生集聚力，使得制造业企业逐渐形成产业集聚；而市场拥挤效应则通常会产生分散力，使得制造业企业逐渐形成扩散。

"中心—外围"模型具体的假设条件为：假设有两个区域（分别为地区 1 和地区 2），每个地区分别有两个部门（农业部门和制造业部门），每个部门分别使用两种生产要素（劳动力 L 和资本 K）。此外，假定农业部门具有规模报酬不变、完全竞争、生产同质农产品的特点，农产品的运输成本为零，[①] 农产品的生产只需要劳动力这一种生产要素；假定制造业部门所具有的特点包括规模报酬递增、垄断竞争、生产不同质的制成品，且制成品的运输成本不为零，制成品的生产需要资本和劳动力两种生产要素。

---

① 克鲁格曼（1991）认为农产品交易运输成本为零的原因是：农产品被视为同质的，每个地区都只进口或只出口，而不会两者兼有。在两个地区拥有相同的工人数量，且都不是必须进口农产品的情况下，如果农产品运输成本较高或者不为零，那么将会导致贸易中断。

1. 消费者行为

各个地区的消费者行为包含两方面的效用函数，一方面是消费者将自己的收入全部用于购买农业产品和制造业产品，此时的效用函数如式（2-8）所示；另一方面是农业产品是同质的，制造业产品是具有差异化的，因此，消费者消费农业产品时可以视为消费的一种农业产品，而消费制造业产品时是在消费一系列制造业产品组成的组合，其消费函数如式（2-9）所示。

$$U = C_M^\mu C_A^{1-\mu} \tag{2-8}$$

其中，C_M 表示对制成品的消费；C_A 表示对农产品的消费；μ 表示消费者在制成品的支出占总支出的份额，且 $0 < \mu < 1$。

制造业产品消费函数表示为：

$$C_M = (\int_{i=0}^{N} c_i^{\frac{\sigma-1}{\sigma}} di)^{\frac{\sigma}{\sigma-1}} \tag{2-9}$$

其中，σ 表示制造业产品之间的替代弹性，$\sigma > 1$；N 表示制造业产品的种类数；c_i 表示消费者对第 i 种制造业产品的消费。

消费者在消费时会面临一个约束条件，即消费者效用最大化或者说收入预算约束，其约束条件可表示为：

$$p_A C_A + \int_0^N p_i c_i di = Y \tag{2-10}$$

其中，p_A 表示农业产品的价格；p_i 表示第 i 种制造业产品的价格；Y 表示消费者的收入。

2. 生产者行为

根据假设条件，农业部门是完全竞争且生产同质的农产品，制造业部门是垄断竞争且生产不同质的制成品。制造业部门的劳动投入函数可以表示为：

$$L_{Mi} = F + l_M x_i \tag{2-11}$$

其中，L_{Mi} 表示生产制成品 i 所需的劳动力；F 表示生产制成品时所需的固定成本；l_M 表示生产每单位制成品所需的劳动力；x_i 表示

制成品 i 的产量。

对于制造业部门企业产品定价，克鲁格曼将其表示为：

$$p_i = \left(\frac{\sigma}{\sigma - 1}\right) l_M w_L \qquad (2-12)$$

其中，p_i 表示第 i 种制造业产品的价格；w_L 表示劳动力价格。

需要首先找到其利润最大化的条件，在其利润最大化的条件下分析定价行为。制造业部门企业的利润函数可以表示为：

$$\pi_i = p_i x_i - (F + l_M x_i) w_L \qquad (2-13)$$

其中，π_i 表示生产制成品 i 的利润。

以消费者和生产者的行为，再基于假设条件，可以在劳动力流动和不流动的两种情况下分别推算出"中心—外围"模型的短期均衡和长期均衡。在两种均衡中，可以发现新经济地理学中各要素之间的关系，总结出相应的结论，并为后续新经济地理学的研究奠定基础。

三、空间计量理论

（一）空间计量经济学的起源与发展

作为现代微观计量经济学的一个分支，空间计量经济学旨在为处理截面数据或面板数据中的空间效应、空间相关性与空间异质性而发展专门的建模、估计与统计检验方法。在 20 世纪 70 年代对于空间计量理论的相关研究就已经展开。佩林克和克拉森（Paelinck & Klaassen，1979）最早对空间计量经济学进行了概念解析，指出空间计量经济学的研究范围主要包括空间相互依赖在空间模型中的任务，空间关系不对称性，位于其他空间的解释因素的重要性等。① 安瑟林（Anselin，1988）认为空间计量经济学是研究由空间所引起的各种特性的一系列方法。即明确考虑空间影响（空间自相关和空间不均匀性）的方法。② 最近这些年，空间计量经济学的发展更是取得了巨大的进步，逐渐成为主流的计量经济学，其在区域经济学、经济地理学等领域获得了大量应用。

空间经济计量学发端于空间相互作用理论及其进展。空间相互作用关系一直是人们研究中所关注的问题，但空间关系理论分析框架直到 20 世纪末才逐渐被提出。例如，佩林克（Paelinck，1979）强调了空间相互依存的重要性、空间关系的渐进性和位于其他空间适当的因素的作用。阿尔克洛夫（Akerlof，1997）提出了相互作用粒子系统模型，德劳夫（Durlauf）分别于 1994 年和 1997 年阐述了邻近溢出效应模型和随机场模型，藤田昌久等（1999）提出了报酬递增、路径依赖和不完全竞争等新经济地理模型。正是这些理论创新使空间相互作用研究的可能性成为现实。长期以来，对区位和空间相互作用问题的研究，主要有模型驱动和数据驱动两条相互交织的技术路线。因此，从发展的驱动因素看，空间计量经济学的发展是沿着模型驱动和数据驱动两条路线进行的。

从模型驱动来看，理论经济学的研究越来越从彼此独立的决策主体模型转向明确解释系统中不同主体相互作用的模型。这些新的理论框架在设定和研究主体间直接的相互作用时，引发了一个问题，即个体之间的"直接"相互作用以及单个个体的相互作用是如何导致集体行为和总体模式的。

从数据驱动来看，20 世纪 60 年代以来，地理信息系统和遥感技

① Paelinck J, Klaassen L. Spatial econometrics [M]. Farnborough: Saxon House, 1979.

② L. Anselin. Spatial econometrics: Methods and Models [M]. Kluwer Academic Publishers, 1988.

术的飞速发展，极大地丰富了空间数据量，计量经济学的热点由时间序列数据转向空间数据。空间数据具有数据的空间相关性、空间和时间上的多尺度性、数据表达的不确定性等不同于一般数据的特质，但是标准的计量经济技术通常不能用于存在空间自相关的情形中。这就导致人们在空间相互作用研究中遇到各种问题。例如，解释变量的构造经常依据被解释变量的范围进行空间插值估计，导致空间预测呈现出系统空间变异的预测误差，此类问题在研究环境和资源分配的经济效果时常常出现。再如，在空间数据汇总时，往往会出现数据与经济变量不匹配的问题。这些空间数据的共同特征是普通回归模型的误差序列是空间相关的。这些空间数据引起普通模型设定的偏倚，推动了空间经济计量模型的产生。

与计量经济学包括理论计量经济学和应用计量经济学一样，空间计量经济学也包括理论空间计量经济学和应用空间计量经济学。理论空间计量经济学主要研究空间权重的设定及运用、改造和发展数理统计的方法，使之成为测定空间随机经济关系的特殊方法，包括各类空间回归模型，特别是横截面数据和面板数据回归模型的设定、估计和检验方法。相关模型研究有邻近溢出效应模型、均值域相互作用宏观模型，以及报酬递增、路径依赖和不完全竞争等新经济地理模型。应用空间计量经济学是在一定的空间经济理论的指导下，以反映事实的空间数据为依据，用经济计量方法研究空间经济数学模型的实用化或探索实证空间经济规律，其具体研究内容包括方法应用及软件平台开发。

（二）空间回归分析基础

空间回归分析中，首先进行的是空间自相关或空间异质性方面的分析。其中，空间自相关表现为观测值与区位之间的一致性，空间异质性表现为每一空间区位上事物及变量的独特性。

1. 空间相关性

空间相关性（也称空间依赖性）表示在空间上的观测值相互关联。在空间或者时间上较为接近的两个事物之间是相互关联的，并且两个事物之间的空间或时间越接近，其相互之间的关联性就越强。当距离为零时，两个事物呈现完全相关；当距离为无穷远时，两个事物近似地呈现为完全不相关。

在时间上的相关，即某一时期 t 的变量 S_t 与过去时期的变量存在联系，其表达式为：

$$S_t = f_1(S_1, S_2, \cdots, S_{t-1}) \tag{2-14}$$

在空间上的相关，即某一地区 i 的变量 K_i 与其他地区相应变量之间存在联系，其表达式为：

$$K_i = f_2(K_1, \cdots, K_{i-1}, K_{i+1}, \cdots, K_n) \tag{2-15}$$

关于空间相关性是检验在空间上某一地区的变量与其他地区的变量之间存在相关性的一种方法，其表达式为：

$$\text{Cov}(K_i, K_j) = E(K_i, K_j) - E(K_i) \cdot E(K_j) \neq 0, \ i \neq j \tag{2-16}$$

其中，i、j 分别表示地区 i 和地区 j，K_i、K_j 分别表示在地区 i 和地区 j 的观测值；Cov 表示相关性检验。

2. 空间异质性

空间异质性是指每一个空间区位上的事物和现象都具有区别于其他区位上的事物和现象的特点。其表达式为：

$$K_i = f(M_i, \theta_i, \varepsilon_i) \tag{2-17}$$

其中，K_i 表示地区 i 的事物观测值；M_i 表示自变量；θ_i 表示参数向量；ε_i 表示随机干扰项。

空间异质性通常用来反映经济实践中的空间观测单元之间经济行为关系的一种普遍存在的不稳定性。空间异质性意味着地理空间上的区域缺乏均质性，存在发达地区和落后地区、中心和外围地区等经济地理结构，从而导致经济社会发展和创新行为存在较大的空间上的差异性。对于在回归分析中为何必须明确考虑空间异质性，主要有以下三个原因：一是从某种意义上而言，异质性背后的结构是空间的，在决定异质性的形式时，观测点的位置是极其重要的；二是由于结构是空间的，异质性通常与空间自相关一起出现，这时标准的计量经济技术不再适用，而且在这种情况下，问题变得异常复杂，区分空间异质性与空间相关性比较困难；三是在一个单一横截面上，空间自相关和空间异质性在观测上可能是相同的。

（三）空间权重矩阵

相对于时间分析来说，对于空间上的分析更为复杂。因为时间分析通常是一维的，而空间分析则是多维的。因此，在进行空间计量经济学的研究时，需要解决好空间多维的问题。而对于这一问题，通常需要借助一种工具——空间权重矩阵。空间权重矩阵是进行空间计量研究的基础，也是其与其他计量经济学存在的不同之处。关于空间权重矩阵（常用 W 表示），根据空间计量经济学原理，通常会将地理方面的因素和经济方面的因素考虑进去，主要包括以下几种类型：基于相邻的空间权重矩阵和基于距离的空间权重矩阵，而基于距离的空间权重矩阵又包括基于地理距离的空间权重矩阵和基于经济距离的空间权重矩阵。

1. 基于相邻的空间权重矩阵

基于相邻的空间权重矩阵是较为常见的，通常用"0～1"表示，在该矩阵中"1"表示两个地区在空间上相邻，"0"表示两个地区在空间上不相邻。在具有 n 个地区的空间系统里，相邻空间权重矩阵是一个 $n \times n$ 的二元 0～1 矩阵，其对角线元素为 0，相邻元素为 1。

2. 基于距离的空间权重矩阵

基于距离的空间权重矩阵是认为地区之间的相互联系主要与相互之间的距离有关。这种矩阵通常包括两种：一是基于地理距离的矩阵，一是基于经济距离的矩阵。

（1）基于地理距离的空间权重矩阵。一般而言，区域之间的距离越近，在空间上相互联系、相互作用的强度越大，其权重就越大，即不同的权重随着地区 i 和地区 j 之间地理距离的变化而变化，它的取值通常取决于一个函数形式（比如欧氏距离，距离的倒数或倒数的平方）。此外，基于地理距离的权重矩阵的对角线元素也为 0。

（2）基于经济距离的空间权重矩阵。除了使用地理距离之外，通常还会使用与经济有关的因素来设定空间权重矩阵。经济距离的设定存在零距离问题，例如在研究收入差距时，两个区域的居民收入相等，这时的经济距离就为零。一般情况下，可以用来构建基于经济距离的空间权重矩阵的指标包括贸易量、资本量、GDP 等。

四、区域经济一体化理论

区域经济一体化的发展，不仅为世界各国的经济发展带来了更多的契机，同时也与我国的丝绸之路经济带倡议相适应。通过区域经济一体化，不同的国家或地区之间可以更好地结合在一起，资本、劳动力等生产要素可以在区域内自由流动，商品地交易也可以在区域内更加便利。在区域经济一体化背景下，丝绸之路经济带建设的开展，不仅对提升沿线经济发展水平起到积极的促进作用，而且对我国开放政策的发展提供了更有力的支持。

（一）关税同盟理论

关税同盟理论是美国经济学家维纳（Viner）在其于 1950 年出版的《关税同盟问题》一书中提出的，指两个或两个以上国家缔结协定，建立统一的关境，在统一关境内缔约国相互间减让或取消关税，对从关境以外的国家或地区的商品进口则实行共同的关税税率和外贸政策。维纳对关税同盟的效应进行了局部均衡的静态分析，指出关税同盟存在贸易创造及贸易转移效应。贸易创造效应是指关税同盟建立后，某成员国的一些国内产品被同盟中其他国家生产成本更低的进口产品所替代，从而提高了资源的使用效率、扩大了生产和专业化分工所带来的利益。贸易转移效应是指缔结关税同盟之前，某个国家不生产某种商品，而是从世界上生产效率最高、成本最低的国家进口商品；建立关税同盟后，如果世界上生产效率最高的国家被排斥在关税同盟之外，且关税同盟内部的自由贸易和共同的对外关税使得该国该商品在同盟成员国内的税后价格高于同盟某成员国相同商品在关税同盟内的免税价格，那么同盟成员国将转从关税同盟内部生产成本最低的国家来进口，从而使同盟国的社会福利水平下降。关税同盟的效应就是贸易创造效应减去贸易转移效应后最终取得的实际利益。维纳的理论得到了学者们较为广泛的认可，然而其研究假设条件忽略了规模经济的相关性、假设市场完全竞争以及与价格无关的固定消费比例，与实际情况存在差异。

利普西（Lipsey，1957）改进了维纳理论的假设条件并扩展维纳的分析框架，提出了次有理论。他在不存在消费替代假设的前提下，对一个将要加入关税同盟的国家进行研究，分析表明一个拥有两种产品且不存在消费替代的国家在贸易创造效应的情况下，国家福利增加；而当存在贸易转移效应时，该国福利下降。利普西最初的分析并非十全十美，他假定只有加入国在关税同盟成立前后对对外贸易征税。后来他将该分析框架扩展到一个更为一般的情形，即所有国家都对对外贸易征税。此时贸易创造效应仍会使得加入关税同盟的国家福利增加，但是贸易转移效应却不再必然使这些国家福利降低。利普西于1960年进一步提出了成立关税同盟影响成员国福利的五种可能的渠道：第一，根据比较优势产生的专业化分工；第二，规模经济；第三，贸易条件变化；第四，外国竞争带来的效率变化；第五，经济增长的变化。

以上都是关于关税同盟静态效应的相关研究和理论，分析某成员国加入关税同盟前后产生的福利等变化。然而，关税同盟不仅会导致静态效应，也会对成员国产生某些动态效应。关税同盟的成立在长期将会对同盟成员国的经济结构产生较大的影响，这些长期的结构性影响称为动态效应，主要包括规模经济效应、竞争效应、增加出口效应、投资效应和资源配置效应等。在大多数情况下，这种动态效应远比静态效应更为重要，对成员国经济增长的影响更为深远。关税同盟的动态效应具体体现在以下几个方面：第一，关税同盟的建立有利于扩大市场规模，使成员国国内市场向统一的大市场转换，从而使成员国获取规模经济利益；第二，关税同盟的建立加剧了成员国间的市场竞争，促进专业化分工向广度和深度拓展，使资源配置更加优化；第三，关税同盟建立后，由于市场规模扩大、投资环境也大大改善，这些有利条件会吸引成员国厂商扩大投资，也能吸引非成员国的资本向同盟成员国转移，从而促进投资规模的扩大；第四，关税同盟建立后，要素在成员国内自由流动，市场趋于统一并且竞争加剧，会促进成员国对研究与开发的投入，促进技术进步。

（二）边界效应理论

本书关于交通基础设施与区域经济一体化的研究主要是依据边界效应理论来开展。边界通常是指国家之间领土的分界线，其存在对于边界两侧的国家而言有正负两方面的影响。一方面，边界起到分割线的作用，边界两侧的国家形成保护主义，使得产品和生产要素无法跨越边界自由流动，对国家之间的贸易产生阻碍的负向效应，也称为边界的"屏蔽效应"；另一方面，随着交通网络的完善以及国家之间政治互信和经贸合作的推进，边界也会不可避免地成为两国之间的连接线，对国家之间的贸易产生促进的正向效应，也称为边界的"中介效应"。

1. 边界的"屏蔽效应"

边界的"屏蔽效应"是指，由于国家边界的存在，边界两侧的国家之间形成了阻碍经贸往来的屏障，减少了国家之间的经济联系，不利于区域经济一体化的发展。随着国际贸易往来的增加，大量国外产品进入本地，使得部分本地市场被国外产品占领，损害了本国企业的利益，迫使本国政府采取地方保护主义措施，从而形成关税或非关税贸易壁垒，提高贸易成本，阻碍产品和生产要素的流动。因此，贸易保护主义是边界"屏蔽效应"的直接体现，也是边界阻碍区域经济一体化发展的原因所在。

2. 边界的"中介效应"

边界的存在对于边界两侧的国家而言除了具有"屏蔽效应"之外，还具有"中介效应"。因为边界是不同国家之间进行交流和合作的接触带，会对边界两侧的国家起到连接作用。同时，边界也是国家之间经贸往来的主要通道，通过发挥中介效应对产品和生产要素的流动进行初步筛选，对有利于自身发展的产品和生产要素给予开放，对不利于自身发展的产品和生产要素给予封闭。因此，边界在两侧国家进行经贸合作时会发挥"中介效应"，从而促进区域经济一体化的发展。

综上所述，边界的"屏蔽效应"强化了国家之间的关税和非关税壁垒，对区域经济一体化的发展起到阻碍作用；边界的"中介效应"则是通过发挥边界在国家之间的连接作用，促进区域经济一体化的发展。

在研究方法上，一般采用引力模型。早在17世纪，牛顿就提出了著名的万有引力模型。丁伯根（Tinbergen，1962）和波伊赫能（Poyhonen，1963）在经济学领域对引力模型进行了发展和延伸，提出了贸易引力模型，认为两国之间贸易额与两国经济规模成正比，而与国家间距离成反比。贸易引力模型是研究不同区域之间进行双边贸易时，发现影响双边贸易流量的主要因素，并预测两国未来双边贸易发展趋势而建立起来的一个重要经济模型。贸易引力模型的基本形式如下：

$$Trade_{ij} = \frac{A(Y_i Y_j)}{D_{ij}} \qquad (2-18)$$

其中，$Trade_{ij}$ 表示地区 i 与地区 j 之间的贸易额；Y_i 和 Y_j 分别表示地区 i 和地区 j 的经济总量，一般用国内生产总值表示；D_{ij} 表示地区 i 与地区 j 之间的距离。基于贸易引力模型，再根据实际情况加入一定的影响双边贸易的其他变量，如是否沿海、是否相邻、是否存在共同语言、交通基础设施、贸易协定等，使得双边贸易分析更为全面和准确。

第三节 本章小结

本章对所用到的概念进行了界定，比如交通基础设施、丝绸之路经济带、产业集聚、空间溢出效应和区域经济一体化等。通过对这些概念进行界定，可以更加清晰地了解各个概念的定义和内容，使得后文的研究更加明确。（1）交通基础设施的概念界定为由政府为经济发展提供运输服务兼具排他性和非竞争性的公共物品，具有网络性和空间溢出性，是一个国家各类经济活动正常运行的基本条件，是为居民生活、企事业单位提供运输服务的设施。考虑到本书研究的丝绸之路经济带主要是陆上范围，因此，本书研究的交通基础设施基本界定为铁路和公路。（2）丝绸之路经济带借鉴了古代丝绸之路的发展历程，又结合了新时代的现实背景，从"一带一路"沿线国家中选取了东亚、南亚、中亚、西亚、北非和独联体等区域除中国外的 30 个国家作为研究对象。（3）对于产业集聚，本章对其定义为：在一定地理范围内，关联产业的企业大量集中，产业资本要素不断汇聚的现象，并介绍了较为常用的几种测算产业集聚度的方法，包括赫芬达尔－赫希曼指数、区位熵、Hoover 指数和空间基尼系数。考虑到数据的获得性以及方法的常用性，本书主要选取了区位熵来测算丝绸之路经济带沿线国家的产业集聚度。（4）空间溢出效应是基于新经济地理理论形成的概念，即由于存在网络性和外部性特征，一个地区交通基础设施的建设除了会对本地经济产生影响外，还会对其他地区的经济产生影响，而对其他地区经济产生的影响即可视为交通基础设施的空间溢出效应。（5）区域经济一体化指的是在地理位置上较为相近的两个或两个以上的地区，通过相应的约定或协议，并制定共同的政策措施，以及消除互相之间的壁垒和障碍，以此来推动经济上的联合，实现一体化区域内生产要素和商品的自由流动，促进区域内的贸易、分工与专业化，不断提高一体化区域内整体的经济福利。

在理论基础部分，本章对经济增长理论、新经济地理理论、空间计量理论及区域经济一体化理论进行了分析。关于经济增长理论，本章主要介绍了现代经济增长理论中的新古典经济增长理论和内生经济增长理论，通过对这两种经济增长理论的介绍，可以对本书的研究提供一定的借鉴。关于新经济地理理论，本章先对其所包含的三种要素（规模报酬递增、垄断竞争、运输成本）的特点进行了介绍，然后对其理论核心——"中心—外围"模型进行了分析，为后文的影响机制和影响路径奠定了基础。此外，本章分步骤对空间计量理论进行了分析，从空间效应（空间依赖性和空间异质性）到空间权重矩阵，再到空间相关性检验，最后到空间计量模型，逐步探讨了空间计量理论的研究思路，为后文的实证研究提供了思路。关于区域经济一体化理论，本章从理论和基础模型上进行了分析，理论上主要依托边界效应理论，基础模型上主要基于引力模型进行研究。

第三章　交通基础设施空间
效应理论分析

本章分别进行了新经济地理理论和空间溢出效应理论的分析。关于新经济地理理论分析，本章基于克鲁格曼新经济地理理论的"中心—外围"模型，并结合鲍德温、马丁和奥塔维亚诺（Baldwin, Martin & Ottaviano, 2001）[①] 的研究构建了局部溢出模型，从理论的角度对运输成本、产业分布及经济增长的关系进行了探讨，为后文的实证分析奠定了理论基础。关于空间溢出效应理论分析，本章对交通基础设施空间溢出效应的理论基础和具体实证检验的步骤进行了探讨，为后文的实证分析提供了研究思路。

第一节　新经济地理理论分析

根据克鲁格曼的新经济地理学理论，鲍德温、马丁、奥塔维亚诺（2001）在研究中认为目前全世界所经历的四大现象——工业化（industrialization）、经济增长（economic growth）、收入差距（income

---

① Baldwin R. E, Martin P, Ottaviano G. I. P. Global income divergence, trade, and industrialization: The geography of growth take-offs [J]. Journal of Economic Growth, 2001, 6 (1): 5 – 37.

divergence) 和贸易快速扩张 (trade expansion) ——在很大程度上是由于交易成本的下降，而交易成本的下降又是源于运输成本的下降 (lower transportation cost) 和市场的开放 (market opening)。基于降低运输成本会导致产业集聚，进而加速局部外部性经济增长的基本逻辑，以及"中心—外围"模型的理论基础，再结合鲍德温等构建的局部溢出模型 (即 LS 模型)，本书对交通运输成本、产业分布及经济增长等内容之间的影响机理进行了研究分析。

一、假设条件

本章基于"迪克希特—斯蒂格利茨"垄断竞争模型、"中心—外围"模型等理论做出假设条件。

(1) 假设有两个区域 (分别为地区 1 和地区 2)，每个地区分别有两个部门 (农业部门 A 和制造业部门 M)，每个部门使用两种生产要素 (劳动力 L 和资本 K)。假定农业部门具有的特点包括规模报酬不变、完全竞争、生产同质农产品，农产品的运输成本为零，农产品的生产只需要劳动力这一种生产要素；假定制造业部门具有的特点有规模报酬递增、垄断竞争、生产差异化制成品，制成品的运输成本不为零，制成品的生产需要资本和劳动力两种生产要素。制造业的生产成本包括两部分，一部分是固定成本，由资本 K 构成，每单位的制成品需要一单位的资本；另一部分是可变成本，由劳动力 L 构成，每单位的制成品需要 l_M 单位的劳动力。整个经济系统中，劳动力的总量是 L，资本的总量是 K，其中地区 1 的资本量用 K_1 表示，地区 2 的资本量用 K_2 表示，地区 1 和地区 2 的资本量在资本总量中所占份额用 s_{K1} 和 s_{K2} 表示 (即 $s_{K1} = K_1/K$，$s_{K2} = K_2/K$)。同样，劳动力相关变量也用相同的表示方法。

(2) 在"迪克希特—斯蒂格利茨"垄断竞争框架下，每个制造业企业只生产一种产品，整个经济系统生产的产品种类数量为 N，其中地区 1 生产的产品数量为 N_1，地区 2 生产的产品数量为 N_2。

（3）假设制造业企业只使用一单位的资本作为固定成本，则企业的成本函数可以表示为：$\pi + l_M w_L x$，π 和 w_L 分别表示资本和劳动力的价格（或报酬）。在"迪克希特—斯蒂格利茨"垄断竞争框架下，实现均衡时企业的利润与其固定成本相等，所以制造业企业中一单位的产品的固定成本可以用利润 π 来表示。此外，企业生产时用劳动力作为可变成本，生产一单位的制成品需要 l_M 单位的劳动力，劳动力报酬为 w_L，总产出量为 x，则可变成本为 $l_M w_L x$。

鲍德温等（Baldwin et al.）认为经济增长的驱动力之一是知识的增加，每单位的知识资本都与某一种产品种类相联系，因此，增加知识资本也会使得产品种类增加。在"迪克希特—斯蒂格利茨"垄断竞争框架下，产品种类的增加会降低每种产品的利润。如果创造一单位的新资本的成本不变，新产品的利润又不断下降，由此会导致资本总量停止增加，产品的种类也停止增加。因此，如果继续在"迪克希特—斯蒂格利茨"垄断竞争框架下讨论上述问题，就需要使得创造一单位新资本的成本逐渐下降，这种情况可以用学习曲线来进行描述。由于知识资本的创造只需要使用劳动力这一种生产要素，每单位的知识资本需要 l_I 单位的劳动力，用 M_I 来表示创造单位知识资本的边际成本，即 $M_I = l_I w_L$。学习曲线的存在，使得创造每单位知识资本所需的劳动力随着知识资本总量的增加而递减。考虑到区域因素，基于此研究，本章还进行了一定的修正，对地区 1 和地区 2 的资本边际成本表示为：

$$M_{I1} = l_{I1} w_L, \quad l_{I1} = \frac{1}{K A_1}, \quad A_1 = s_{K1} + \alpha(1 - s_{K1}) \qquad (3-1)$$

$$M_{I2} = l_{I2} w_L, \quad l_{I2} = \frac{1}{K A_2}, \quad A_2 = \alpha s_{K1} + (1 - s_{K1}) \qquad (3-2)$$

其中，M_{I1} 和 M_{I2} 分别表示地区 1 和地区 2 的资本边际成本；A_1、A_2 表示知识技术变量；α 表示知识技术在区域传播的难易程度，α 越大表明越容易传播，技术变量就越大，创造新资本的成本就越小；反之，α 越小表明传播的难度越大，技术变量就越小，创造新资本的成本越大。取值方面，α 介于 0 ~ 1 之间，$\alpha = 1$ 时，表示知识可以自由传播，$\alpha = 0$ 时，表示知识不可以传播。生产中使用资本的份额用 s_n 表示，地区 1 使用资本的份额为 s_n，地区 2 使用资本的份额为 $(1 - s_n)$，通常情况下，可以用 s_n 来表示资本的空间分布，即 $s_n = s_{K1}$，$(1 - sn) = s_{K2}$。

此外，本章对 LS 模型进行了修正，原 LS 模型只考虑了区域之间交易时的运输成本，本章将某一个地区内部交易时的运输成本也进行了分析，即修正的 LS 模型考虑了区域间运输成本和区域内运输成本，即对区域间的交通基础设施和区域内的交通基础设施都进行了分析。关于运输成本，本章借鉴了萨缪尔森的冰山运输成本，并进行了一定的修正，当一个企业从地区 1 运输一单位的产品到地区 2 时，必须要运输 τ 个单位产品，因为会有 $\tau - 1$ 个单位的产品在运输途中"融化"掉（这里的 $\tau > 1$）。考虑区域间和区域内运输成本时，用 τ_1 表示地区 1 内部的交易成本，用 τ_2 表示地区 2 内部的交易成本，例如北京和上海之间进行交易，产生中国地区内的运输成本；用 τ 表示地区 1 和地区 2 之间进行交易时的运输成本，比如中国和俄罗斯之间进行交易，产生区际运输成本。冰山运输成本与交通基础设施成相反关系，冰山运输成本越小，表明交通基础设施条件越好，冰山运输成本越大，表明交通基础设施条件越差。通常来说，区域间运输成本要大于区域内运输成本，即 $\tau > \tau_1$，$\tau > \tau_2$。

二、短期均衡

（一）消费者效用

假设消费者效用函数表示为：

$$U = C_M^\mu C_A^{1-\mu} \tag{3-3}$$

其中，C_M 表示对制成品的消费；C_A 表示对农产品的消费；μ 表示消费者在制成品的支出占总支出的份额，且 $0 < \mu < 1$。

制成品消费函数表示为：

$$C_M = (\int_{i=0}^N c_i^{\frac{\sigma-1}{\sigma}} di)^{\frac{\sigma}{\sigma-1}} \tag{3-4}$$

其中，σ 表示制成品之间的替代弹性，$\sigma > 1$。

基于"中心—外围"模型，本章研究消费者面对的制成品价格指数可以表示为 $P_I = (\int_{i=0}^N p_i^{1-\sigma} di)^{\frac{1}{1-\sigma}}$，消费者的支出表示为 Y（假设支出等于收入，即收入全部用于消费），消费者可以购买到的制成品价格的幂指数的平均值用 $\overline{P} = \dfrac{\int_{i=0}^N p_i^{1-\sigma} di}{N}$ 来表示。由此可得，$P_I = (\overline{P}N)^{\frac{1}{1-\sigma}}$。

（二）农业部门和制造业部门

对于农业部门，存在以下情况：

（1）农业部门遵循瓦尔拉斯一般均衡，不存在超额利润，因此，价格等于成本。

（2）农产品不存在交易成本（即农产品运输成本为零），因此，农产品的价格在任何地区都相等。

（3）在分析中，以单位劳动生产的单位农产品作为计价单位。

根据以上的情况，可知农产品的价格为：

$$p_{A1} = w_{L1} = p_{A2} = w_{L2} = 1 \qquad (3-5)$$

对于制造业部门，由于制成品在区域内的运输成本和区域间的运输成本不同，将制成品的度量单位进行标准化[①]，可以得到制成品的价格为：

$$p_{M1} = \tau_1, \ p_{M2} = \tau_2, \ p_M = \tau \qquad (3-6)$$

其中，p_{M1} 表示地区 1 生产的制成品在本地销售的价格，p_{M2} 表示地区 2 生产的制成品在本地销售的价格，p_M 表示某地区生产的产品在其他地区销售的价格。

（三）企业利润

以地区 1 的一个企业为例，假设该企业在地区 1 的销售量为 q_1，价格为 $\tau_1 p_0$（p_0 为制成品的基础价格），在地区 2 的销售量为 q_2，价格为 τp_0。该企业的总产出为 $x_1 = \tau_1 q_1 + \tau q_2$，从销售收入为 $\tau_1 p_0 q_1 + \tau p_0 q_2 = p_0 x_1$。由于企业无超额利润，因此，销售收入应等于生产成本，即 $p_0 x_1 = \pi + l_M w_L x_1$。由于 $p_0 = \dfrac{l_M w_L \sigma}{\sigma - 1}$[②]，则可得出 $\pi = \dfrac{p_0 x_1}{\sigma}$。

由于 $q_1 = \dfrac{\mu Y_1 (\tau_1 p_0)^{-\sigma}}{P_{I1}^{1-\sigma}}, q_2 = \dfrac{\mu Y_2 (\tau p_0)^{-\sigma}}{P_{I2}^{1-\sigma}}$，[③] 其中，$Y_1$ 和 Y_2 分别表示地区 1 和地区 2 的消费支出，P_{I1} 和 P_{I2} 分别表示地区 1 和地区 2 的价格指数。

由此可得企业的销售收入为：

$$p_0 x_1 = \tau_1 p_0 q_1 + \tau p_0 q_2 = \tau_1 p_0 \cdot \dfrac{\mu Y_1 (\tau_1 p_0)^{-\sigma}}{P_{I1}^{1-\sigma}} + \tau p_0 \cdot \dfrac{\mu Y_2 (\tau p_0)^{-\sigma}}{P_{I2}^{1-\sigma}}$$

---

① 标准化：本地制成品在本地销售的价格与本地制成品在外地销售的价格之比视为 $p_{M1} : p_M = \tau_1 : \tau$，据此可以将价格标准化为 $p_{M1} = \tau_1, \ p_M = \tau$。同理 $p_{M2} = \tau_2$。

②③ 具体推导过程见附录一。

化简可得销售收入为：$\mu p_0^{1-\sigma} \cdot \left(\dfrac{Y_1 \tau_1^{1-\sigma}}{P_{I1}^{1-\sigma}} + \dfrac{Y_2 \tau^{1-\sigma}}{P_{I2}^{1-\sigma}} \right)$。

$$P_{I1}^{1-\sigma} = N p_0^{1-\sigma} \left[\tau_1^{1-\sigma} s_n + \tau^{1-\sigma}(1-s_n) \right],$$

$$P_{I2}^{1-\sigma} = N p_0^{1-\sigma} \left[\tau^{1-\sigma} s_n + \tau_2^{1-\sigma}(1-s_n) \right] \tag{3-7}$$

综上可得，利润表达式为：

$$\pi_1 = \frac{p_0 x_1}{\sigma} = \frac{1}{\sigma} \left[\tau_1 p_0 \cdot \frac{\mu Y_1 (\tau_1 p_0)^{-\sigma}}{P_{I1}^{1-\sigma}} + \tau p_0 \cdot \frac{\mu Y_2 (\tau p_0)^{-\sigma}}{P_{I2}^{1-\sigma}} \right] \tag{3-8}$$

再将式（3-7）代入式（3-8），可得：

$$\pi_1 = \frac{\mu}{\sigma} \cdot \frac{Y}{N} \cdot \left[s_{Y1} \cdot \frac{\beta_1}{\beta_1 s_n + \beta(1-s_n)} + s_{Y2} \cdot \frac{\beta_1}{\beta s_n + \beta_2(1-s_n)} \right]$$

$$\tag{3-9}$$

其中，s_{Y1} 和 s_{Y2} 分别表示地区 1 和地区 2 消费支出份额；$\beta_1 = \tau_1^{1-\sigma}$，$\beta_2 = \tau_2^{1-\sigma}$，$\beta = \tau^{1-\sigma}$。由于 $\sigma > 1$，$\tau > 1$，且 $\tau > \tau_1$，$\tau > \tau_2$，可知 $\beta < \beta_1$、$\beta < \beta_2$。

由于每个企业只使用一单位的资本来进行生产，所以，企业的数量等于资本总量，即 $N = K$。由于 $P_I = (\overline{P} N)^{\frac{1}{1-\sigma}}$，则

$$\overline{P}_1 = \frac{P_{I1}^{1-\sigma}}{N} = p_1^{1-\sigma} \cdot \left[\beta_1 s_n + \beta(1-s_n) \right]$$

$$\overline{P}_2 = \frac{P_{I2}^{1-\sigma}}{N} = p_2^{1-\sigma} \cdot \left[\beta s_n + \beta_2(1-s_n) \right]$$

其中，p_1 为地区 1 的企业在本地销售产品的价格，p_2 为地区 2 的企业在本地销售产品的价格。经过标准化处理，将任何地区企业在本地销售的产品价格都标准化为 1，则可得：

$$\overline{P}_1 = \beta_1 s_n + \beta(1-s_n) \tag{3-10}$$

$$\overline{P}_2 = \beta s_n + \beta_2(1-s_n) \tag{3-11}$$

再令 $h = \dfrac{\mu}{\sigma}$，$H_1 = \dfrac{s_{Y1} \beta_1}{\overline{P}_1} + \dfrac{s_{Y2} \beta}{\overline{P}_2}$，$H_2 = \dfrac{s_{Y1} \beta}{\overline{P}_1} + \dfrac{s_{Y2} \beta_2}{\overline{P}_2}$，则式（3-9）

可变形为：

$$\pi_1 = hH_1 \cdot \frac{Y}{K} \qquad (3-12)$$

同理，可得地区 2 的利润表达式为：

$$\pi_2 = hH_2 \cdot \frac{Y}{K} \qquad (3-13)$$

三、长期均衡

(一) 产业分布

由于资本存在的目的主要是追逐利益，在短期内，这会使得资本都向收益率高的地区流动。从长期来看，资本的流动会达到均衡，即所有地区的资本收益率都相同，也就是 $\pi_1 = \pi_2$。

根据式（3-12）和式（3-13），可以推出 $\pi_1 = \pi_2$ 即为 $H_1 = H_2$。

由于 $H_1 = \dfrac{s_{Y1}\beta_1}{\overline{P_1}} + \dfrac{s_{Y2}\beta}{\overline{P_2}}$，$H_2 = \dfrac{s_{Y1}\beta}{\overline{P_1}} + \dfrac{s_{Y2}\beta_2}{\overline{P_2}}$，则 $H_1 = H_2$ 即为：

$$\frac{s_{Y1}\beta_1}{\overline{P_1}} + \frac{s_{Y2}\beta}{\overline{P_2}} = \frac{s_{Y1}\beta}{\overline{P_1}} + \frac{s_{Y2}\beta_2}{\overline{P_2}} \qquad (3-14)$$

结合式（3-10）和式（3-11），可将式（3-14）化简为：

$$s_n = \frac{\beta^2 - \beta_2\beta + s_{Y1}(\beta_1\beta_2 - \beta^2)}{(\beta_2 - \beta)(\beta_1 - \beta)} \qquad (3-15)$$

经过整理，可得：

$$s_n = \frac{1}{2} + \frac{(\beta_1\beta_2 - \beta^2)\left(s_{Y1} - \dfrac{1}{2}\right)}{(\beta_2 - \beta)(\beta_1 - \beta)} + \frac{\beta(\beta_1 - \beta_2)}{2(\beta_2 - \beta)(\beta_1 - \beta)} \qquad (3-16)$$

由于制造业企业使用资本和劳动力两种生产要素，农业只使用劳动力一种生产要素。因此，资本的流动是流向制造业企业。由此可知，反映资本空间分布的 s_n 同样也可以用来反映产业的空间分布。

根据式（3 – 16）我们可以得到以下结论：

第一，当地区 1 和地区 2 交通基础设施条件相同时（即 $\beta_1 = \beta_2$），如果地区 1 的消费支出份额大于地区 2（即 $s_{Y1} > 1/2$），再加上已知条件 $\beta < \beta_1$、$\beta < \beta_2$，则可得知 $s_n > 1/2$，也就是说此时的产业分布不均衡，地区 1 吸引的资本和企业数更多，产业集中度更高。反之，则是地区 2 的产业集中度更高。

第二，当地区 1 和地区 2 的消费支出相同时（即 $s_{Y1} = 1/2$），如果地区 1 的交通基础设施条件好于地区 2（即 $\beta_1 > \beta_2$），则可以得知 $s_n > 1/2$，也就是说此时的产业分布也不均衡，地区 1 吸引的资本和企业数更多，产业集中度更高。反之，则是地区 2 的产业集中度更高。

（二）均衡增长率

在长期内，可以通过调整资本总量 K 和资本的空间分布 s_n 来实现均衡，在均衡时单位资本的价值与单位资本的边际成本相等。此外，由于假设资本创造部门是属于完全竞争，所以每一个地区创造资本的成本都应该相同。用公式表达为：

$$v_1 = M_{J1} = v_2 = M_{J2} \qquad (3 - 17)$$

其中，v_1 和 v_2 分别表示地区 1 和地区 2 单位资本的价值，M_{J1} 和 M_{J2} 分别表示地区 1 和地区 2 单位资本的边际成本。

关于资本的价值，即在长期内单位资本收益的现值，当实现长期均衡时，单位资本的收益率是固定的，对于地区 1 和地区 2 分别用 π_1 和 π_2 来表示，而资本总量会按一定的增长率增加，资本总量的增加也表示企业制成品的种类增加，这样会使得单位资本的利润下降，而下降的速率等于资本存量的增长率，用 g 表示，则地区 1 和地区 2 利润的表达式为 $\pi_1(t) = \pi_1 e^{-gt}$，$\pi_2(t) = \pi_2 e^{-gt}$。考虑到资本折旧的存在，设折旧率为 δ，则单位资本去除折旧后的部分为 $e^{-\delta t}$，再令资本持有者的折现率为 ρ，单位资本去除折现后的部分为 $e^{-\rho t}$。综上可得，地区 1 单位资本的价值可以表示为：$v_1 = \int_0^{\infty} \pi e^{-gt} e^{-\rho t} e^{-\delta t} dt = \dfrac{\pi_1}{(\rho + g + \delta)}$。同理，地区 2 单位资本的价值为：$v_2 = \dfrac{\pi_2}{(\rho + g + \delta)}$。

在经济系统中，假定消费者的全部收入都用于消费，因此，消费支出也就等于整个经济系统的总收入。而经济系统中的总收入可以分为两部分：第一，劳动的收益，用 $w_L L$ 来表示；第二，资本的收益，包括地区 1 的资本收益和地区 2 的资本收益，用 $\pi_1 s_{K1} K + \pi_2 s_{K2} K$。再考虑资本的折旧等问题，即地区 1 的资本折旧为 $-(g+\delta) s_{K1} K l_{l1} w_L$。

综上可得消费支出（即总收入）表达式为：

$$Y = w_L L + \pi_1 s_{K1} K + \pi_2 s_{K2} K - (g+\delta) K l_l w_L \qquad (3-18)$$

经过化简可得：

$$Y = L + hY - (g+\delta) K l_l^{①}，即 Y = \frac{L - (g+\delta) K l_l}{1-h} \qquad (3-19)$$

根据式（3-1）和式（3-2），可知 $l_l = \dfrac{1}{KA}$

所以，式（3-19）可变形为：

$$Y = \frac{L - (g+\delta)\dfrac{1}{A}}{1-h} \qquad (3-20)$$

地区 1 和地区 2 的消费支出为：

$$\begin{aligned} Y_1 &= l_1 L + \pi_1 s_{K1} K - (g+\delta) s_{K1} K l_{l1} \\ Y_2 &= l_2 L + \pi_2 s_{K2} K - (g+\delta) s_{K2} K l_{l2} \end{aligned} \qquad (3-21)$$

---

① 据式(3-12)、式(3-13)可知，$\pi_1 s_n K + \pi_2 (1-s_n) K = hH_1 \dfrac{Y}{K} s_n K + hH_2 \dfrac{Y}{K} (1-s_n) K = hY[H_1 s_n + H_2 (1-s_n)]$，再根据式（3-10）和式（3-11），可知 $H_1 s_n + H_2 (1-s_n) = 1$。

由于 $Y = Y_1 + Y_2$，且本部分讨论在长期均衡下，两个地区对称的情况，因此两个地区的资本份额应相同，即 $s_{K1} = s_{K2} = 1/2$。由此根据式（3-21）和式（3-1）、式（3-2）可得：

$$Y = Y_1 + Y_2 = L + hY - (g + \delta) \left[\frac{s_{K1}}{s_{K1} + \alpha(1 - s_{K1})} + \frac{1 - s_{K1}}{\alpha s_{K1} + (1 - s_{K1})} \right]$$

$$(3-22)$$

继续化简可得：

$$Y = \frac{L - \dfrac{2(g + \delta)}{1 + \alpha}}{1 - h}$$

$$(3-23)$$

根据式（3-20）和式（3-23），可知：

$$A = \frac{1 + \alpha}{2}$$

$$(3-24)$$

根据式（3-21）、式（3-24）和 v_1、v_2 的取值，可得：

$$\frac{v_1}{M_n} = \frac{\dfrac{\pi_1}{\rho + g + \delta}}{l_n w_L} = \frac{\pi_1 K A_1}{\rho + g + \delta} = \frac{h(1 + \alpha) Y}{2(\rho + g + \delta)} = 1$$

$$(3-25)$$

将式（3-23）代入式（3-25），可得：

$$\frac{h(1 + \alpha)}{2(\rho + g + \delta)} \cdot \frac{L - \dfrac{2(g + \delta)}{1 + \alpha}}{1 - h} = 1$$

$$(3-26)$$

对式（3-26）化简，根据式（3-1）的 $A_1 = s_{K1} + \alpha(1 - s_{K1})$，式（3-24）的 $A = \dfrac{1 + \alpha}{2}$，再考虑到两地区对称的情况，并将资本分布 s_K 视为产业分布 s_n，可得资本总量的均衡增长率 g，即均衡经济增长为：

$$G = hL[s_n + \alpha(1 - s_n)] + \rho(h - 1) - \delta \quad (0 < \alpha < 1)$$

$$(3-27)$$

四、均衡分析

通过修正的 LS 模型，本章推导出关于产业空间分布和经济增长率的两个表达式，其中关于产业空间分布的表达式如下所示：

$$s_n = \frac{1}{2} + \frac{(\beta_1\beta_2 - \beta^2)\left(s_{Y1} - \frac{1}{2}\right)}{(\beta_2 - \beta)(\beta_1 - \beta)} + \frac{\beta(\beta_1 - \beta_2)}{2(\beta_2 - \beta)(\beta_1 - \beta)}$$

关于经济增长率的表达式如式（3－27）所示，即

$$G = hL[s_n + \alpha(1 - s_n)] + \rho(h-1) - \delta \quad (0 < \alpha < 1)$$

根据上面两个表达式，可以得出关于交通基础设施、产业分布及经济增长之间相互关系的研究结论。

（一）改善区域内交通基础设施条件

关于交通基础设施，以地区 1 为例，如果改善地区 1 的区域内交通基础设施条件，使其好于地区 2 的区域内交通基础设施条件，这样会使得运输成本 τ_1 下降，而 τ_1 下降会导致 $\beta_1 = \tau_1^{1-\sigma}$ 增加（$\tau_1 > 1$，$\sigma > 1$），且 $\beta_1 > \beta_2$。当地区 1 和地区 2 的消费支出相同时（即 $s_{Y1} = 1/2$），改善地区 1 的区域内交通基础设施条件会使得 β_1 增加，根据产业空间分布 sn 的表达式可知，这种情况会导致 $s_n > 1/2$，也就是说，此时的产业分布不均衡，地区 1 相比地区 2 而言对于企业和资本更有吸引力，将会有更多的企业和资本流动到地区 1，地区 1 的产业集中度更高。反之，则是地区 2 的产业集中度更高。

再对经济增长率 G 进行分析，当产业空间分布均衡时 $s_n = 1/2$，此时的经济增长率为 $G = hL[(1 + \alpha)/2] + \rho(h-1) - \delta$。当改善地区 1 的区域内交通基础设施条件时，会使得 $s_n > 1/2$，由于 $0 < \alpha < 1$，此时的经济增长率 $G = hL[s_n + \alpha(1 - s_n)] + \rho(h-1) - \delta$ 会大于 $s_n = 1/2$ 时的经济增长率 $G = hL[(1 + \alpha)/2] + \rho(h-1) - \delta$，即改善地区 1 的交通基础设施条件会促进经济增长率的增加。综合产业空间分布和经济增长率的情况，可以得到结论：改善地区 1 的区域内交通基础设施条件，会提升该地区的产业集中度，使得经济增长率上升。

（二）改善区域间交通基础设施条件

改善区域间交通基础设施条件，意味着区域间运输成本 τ 将会下降，进而导致 $\beta = \tau^{1-\sigma}$ 上升。一般情况下，无论区域间运输成本怎么下降，都不会低于区域内运输成本。由此可知，无论 β 怎么上升，都不会大于 β_1 和 β_2，所以产业空间分布的 s_n 主要还是取决于 $(s_{Y1} - 1/2)$ 和 $(\beta_1 - \beta_2)$。在此情况下，当地区 1 和地区 2 的消费支出相同时（即 $s_{Y1} = 1/2$），只要地区 1 的交通基础设施条件好于地区 2，那么改善区域间交通基础设施条件将会使得地区 1 吸引到更多的资本和企业（即 $s_n > 1/2$），提高产业的集中度，同时也会使得经济增长率有所提升。

（三）提高知识技术溢出程度

影响经济增长率的除了交通基础设施和产业分布，还有另外一项因素——知识技术的传播（也称为知识技术的溢出，即 α）。促进知识技术的传播，会将更新的知识技术从某一地区传播到另一地区，从而提升整体知识技术水平。而交通基础设施条件的改善则能加快流动，推动知识技术的传播。根据经济增长率的表达式 $G = hL[s_n + \alpha(1 - s_n)] + \rho(h-1) - \delta$ 可知，促进知识技术的传播，即 α 增大（α 越大表明传播得越容易，α 越小表明传播的难度越大），可以使经济增长率 G 提高。这也就得出了结论：促进知识技术的传播和溢出，可以提升整体的经济增长率。

第二节　空间溢出效应理论分析

交通基础设施可以作为投资的一部分直接推动经济发展，它也可以通过降低运输成本，提升运输效率，进而推动经济发展。交通基础设施还可以构成点与点、点与面、面与面之间功能联系的重要通道，将生产要素如劳动力、原材料等从一个地区输送到另一个地区，是区域间经济活动和区域相互联系的纽带，使得各区域连成一个整体，进而带动本地区及周边地区的经济发展。此处关于交通基础设施对除本地区之外的其他地区经济的影响称为交通基础设施的空间溢出效应。本章节将对交通基础设施空间溢出效应实证检验的步骤进行具体分析，为后文空间溢出效应的实证分析提供研究思路。

一、空间溢出效应的基本前提

（一）经济的空间依赖性

简单来说，空间依赖性（也称空间自相关性）就是在空间上的事物之间存在相互关联的情况。由于空间依赖性的存在，某一地区的某一事物会受到周边地区的其他事物的影响。空间依赖性是交通基础设施产生空间溢出效应的必备条件。如果不同地区的事物之间不存在依赖性或相关性，那么它们之间也将不会存在相互影响，空间溢出效应自然也就不存在。所以，在存在空间依赖性的前提下，某地区在进行交通基础设施建设时，不仅会影响本地区的经济，还会在空间依赖性的作用下对周边地区的经济产生影响。在空间计量经济学中，研究空间依赖性（空间相关性）的主要方法是探索性空间数据分析，包括全局空间自相关和局部空间自相关。其中，全局空间自相关一般用莫兰指数（Moran's I）分析，局部空间自相关一般用莫兰（Moran）散点图分析。

（二）交通基础设施的网络性

交通基础设施是一种具有网络性的基础设施，它可以构建点与点、点与面、面与面等方面的联系，将某一地区之内的或不同地区之间的经济活动联系起来，形成一种网络，使得生产要素可以通过这些网络来实现流动。交通基础设施有利于促进生产要素流动，表现在以下两个方面：一是交通基础设施除了会对交通行业产生影响外，还可能会对其他行业产生影响，比如由于某地区某行业存在优势，当交通基础设施逐渐得到完善时会促进生产要素向该地区流动，从而形成一定的产业集聚；二是改善交通基础设施可以降低运输成本，缩短原材料和商品的流动时间，拓展商品的市场。

交通基础设施的网络性包含三层含义（程必定，1989）。第一，交通基础设施通过形成网络可以为生产要素、商品在区域内和区域间的自由流动提供保障，以扩大生产要素和商品在市场上的可达性。第二，交通基础设施网络是在区域内和区域间产生经济联系的有机系统。在不同的节点或域面之间促进社会、经济、文化等方面的空间联系，这是交通基础设施网络形成的实质内容，简单地作为运输通道只是表现形式。第三，交通基础设施具有协调与促进空间经济联系的作用。交通基础设施网络可以促进不同区域间的合作和相互作用，并促进这些区域更加紧密地联系起来，形成一个有机整体。

交通基础设施有利于各种生产要素和商品在形成的网络内流通，促进不同区域形成一个整体，这也有利于实现区域经济一体化。在交通基础设施形成的网络中，一般都具有点、线、面三种基本要素。其中，点通常是一个城镇或者一个经济活动的集聚点；线通常是一条交通线路，将不同的点连接；面通常是一个区域范围，是点和线存在的基础。这三个要素可以形成不同的组合，比如点与线组合起来，可以形成交通枢纽；点与面组合起来，可以形成城市群等。通过不同的组合，形成不同形式的空间结构。

（三）交通基础设施的外部性

交通基础设施的建设除了对本地区宏观经济产生直接影响外，还会对周边地区宏观经济产生间接影响，这种间接影响就称为外部性。交通基础设施的外部性通常表现为正负两个方面：一方面，交通基础设施可以降低运输成本，这是交通基础设施的正向外部性；另一方面，交通基础设施的建设可能会导致自然环境遭受破坏，如噪声污染、空气污染等，这是交通基础设施的负向外部性。

刘育红（2012）指出交通基础设施的外部性表现在产业和区域两个层面。在产业层面上，交通基础设施降低企业运输成本和居民出行成本时表现为正的外部性，交通基础设施对当地的环境和资源造成不利影响时表现为负的外部性；在区域层面上，交通基础设施的外部性就是指其空间溢出效应。

二、空间溢出效应理论基础及实证分析

（一）空间溢出效应理论基础

根据上文可知，交通基础设施会对经济产生溢出效应。在考虑溢出效应之前，先对交通基础设施作为资本投入的一种纳入生产函数进行分析。基于 C – D 生产函数，在规模报酬不变的情况下，包含交通基础设施的生产函数可以表示为：

$$Y = AK^{\alpha}L^{\beta}T^{\gamma} \tag{3-28}$$

其中，Y 为经济总产出；A 为技术因素；K 为资本投入；L 为劳动力投入；T 为交通基础设施因素；α、β、γ 分别为资本、劳动力、交通基础设施的产出弹性。全要素生产率可表示为：

$$\hat{g} = g - \alpha g_K - \beta g_L - \gamma g_T^{①} \qquad (3-29)$$

其中，$\hat{g}$ 为索洛余值；g、g_K、g_L、g_T 分别为经济增长率、资本增长率、劳动增长率和交通基础设施增长率。

通过以上分析，可以发现，交通基础设施对经济增长会产生直接影响，如果考虑交通基础设施的溢出效应，就需要在生产函数中考虑引入其他地区的交通基础设施，由此来考察其对本地经济的影响。具体表达式为：

$$Y = AK^{\alpha}L^{\beta}T^{\gamma}T_0^{\lambda} \qquad (3-30)$$

其中，T_0 表示为其他地区交通基础设施；λ 为其他地区的交通基础设施的产出弹性。同样，依据索洛余值的计算方法进行计算可得：

$$\hat{g} = g - \alpha g_K - \beta g_L - \gamma g_T - \lambda g_{T_0} \qquad (3-31)$$

在这里，λ 可以用来反映交通基础设施的溢出效应。通常来说，若其他地区交通基础设施的产出弹性 $\lambda > 0$，则表明其他地区的交通基础设施建设对本地经济具有正向的影响作用；若其他地区交通基础设施的产出弹性 $\lambda < 0$，则表明其他地区的交通基础设施建设会对本地经济具有负向的影响作用。

（二）空间溢出效应实证分析

对于空间溢出效应的实证分析，通常需要按照以下步骤来进行：

第一步：设定空间权重矩阵

空间权重矩阵设定的方法具体包括以下几种：

（1）基于相邻的空间权重矩阵。关于相邻的空间权重矩阵的构建，需要根据地理的实际相邻情况来进行，并用"0~1"来表示，

---

① 一般来说，索洛余值等于产出增长率减去投入要素的增长率与其产出弹性相乘之后的数值。

当两个国家或地区相邻时用 1 表示；当两个国家或地区不相邻时用 0 表示。对于一个具有 n 个空间单元的系统，基于相邻的空间权重矩阵 W 是一个 $n \times n$ 的二元 $0 \sim 1$ 矩阵，具体形式如下：

$$w_{ij} = \begin{cases} 1, & \text{当区域 } i \text{ 与区域 } j \text{ 相邻} \\ 0, & \text{当区域 } i \text{ 与区域 } j \text{ 不相邻} \end{cases}$$

（2）基于地理距离的空间权重矩阵。基于空间地理距离的空间权重矩阵通常以空间实际距离为基础，矩阵的对角线元素为 0，具体形式如下：

$$W_{ij} = \begin{cases} 0, & i = j \\ \dfrac{1}{D_{ij}^{\alpha}}, & i \neq j \end{cases} \tag{3-32}$$

其中，D_{ij} 表示两个国家之间的距离。

（3）基于经济距离的空间权重矩阵。除了使用真实的地理坐标计算地理距离外，还可以设定基于经济距离的空间权重矩阵，即利用经济和社会因素计算经济距离来设定更加复杂的空间权重矩阵，可以采用的经济指标包括：GDP 总额、贸易量等。具体形式如下：

$$W_{ij} = \begin{cases} 0, & i = j \\ \dfrac{Export_{ij}}{D_{ij}^{\alpha}}, & i \neq j \end{cases} \tag{3-33}$$

其中，$Export_{ij}$ 表示 i 国向 j 国的出口贸易额。

第二步：空间自相关的检验

在进行空间回归分析之前，通常需要先对各被解释变量的空间相关性进行分析，以检验各个地区的被解释变量是否存在相关性。对于空间相关性的检验，探索性空间数据分析是最常用的方法，该方法将统计学和现代图形计算技术相结合，描述数据的空间分布并加以可视化，识别空间数据的异常值，检测社会和经济现象的空间集聚，展示数据的空间结构，揭示现象之间的空间相互作用机制。探索性空间数据分析主要使用两类工具：一是用来分析空间数据在整个系统内表现出的分布特征，这种整体分布特征通常称为全局空间相关性，表明现象或事物总体在空间上相互关联的平均程度，一般采用莫兰指数；二是用来分析局部子系统所表现出的分布特征，又称为局部空间相关性，具体表现形式包括空间集聚区、非典型的局部区域、异常值和空间政区等，进一步揭示现象或事物在各自局部空间位置上的分布格局以及相互关联的程度，一般采用莫兰散点图。

1. 全局空间自相关分析

全局空间自相关分析是一种可以衡量各个区域间整体上的空间差异程度和空间关联的分析方法。全局莫兰指数（Global Moran's I）统计量是一种常用的全局空间自相关度量指标。将互相关系数推广到自相关系数，时间序列的自相关系数推广到空间序列的自相关系数，最后采用加权函数代替滞后函数，将一维空间自相关系数推广到二维空间自相关系数，即可得到莫兰指数。莫兰指数其实就是标准化的空间自协方差，其表示形式如下：

$$I = \frac{\sum\limits_{i=1}^{n} \sum\limits_{j=1}^{n} w_{ij}(x_i - \bar{x})(x_j - \bar{x})}{S^2 \sum\limits_{i=1}^{n} \sum\limits_{j=1}^{n} w_{ij}} \tag{3-34}$$

其中，x_i 代表 i 地区的观测值，$\bar{x} = \dfrac{\sum\limits_{i=1}^{n} x_i}{n}$，$S^2 = \dfrac{\sum\limits_{i=1}^{n}(x_i - \bar{x})^2}{n}$，$w_{ij}$ 代表空间权重矩阵，n 是空间单元的总数。

莫兰指数的取值范围是 $-1 \leq I \leq 1$，当 $I > 0$ 时表示观测值在区域内存在空间正相关，其值越大，空间相关性越明显；当 $I < 0$ 时表示观测值在区域内存在空间负相关，其值越小，空间差异越大；当取值为 0 时，空间呈随机性。

2. 局部空间自相关分析

安瑟林（Anselin，1995）提出了一个局部莫兰指数（Local Moran's I），又称 LISA，用来检验局部地区是否存在相似或相异的观测值聚集在一起。局部莫兰指数统计量是可以度量 i 区域与其周围地域在空间上的差异程度和它们的显著性。它也是全局空间自相关统计量莫兰指数的分解。对于第 i 个区域来说，其表示形式如下：

$$I_i = \frac{n^2}{\sum_i \sum_j w_{ij}} \cdot \frac{(x_j - \bar{x}) \sum_j w_{ij}(x_j - \bar{x})}{\sum_j (x_j - \bar{x})^2} \qquad (3-35)$$

或
$$I_i = z_i \sum_{j=1}^{n} w_{ij} z_j \qquad (3-36)$$

其中，w_{ij} 是空间权重，z_i 和 z_j 是标准化的观测值。

全局莫兰指数与局部莫兰指数之间的关系为：

$$\sum_{i=1}^{n} I_i = n \times I \qquad (3-37)$$

正的 I_i 表示一个高值被高值所包围（高—高，或 HH），或者是一个低值被低值所包围（低—低，或 LL），即 I_i 越大表明有相似变量值的面积单元在空间集聚，实现高高或低低集聚格局；负的 I_i 表示一个低值被高值所包围（低—高，或 LH），或者是一个高值被低值所包围（高—低，或 HL），即 I_i 值越小表明不相似变量值的面积单元在空间集聚。

类似的，格蒂斯和奥德（Getis & Ord，1992）开发了一个吉尔里（Geary）指数的局部空间相关性检验，称为 G_i 指数，用来检验局部地区是否存在统计显著的高值或低值。G_i 指数的定义如下：

$$G_i = \frac{\sum_{i=1}^{n} w_{ij} x_j}{\sum_{j=1}^{n} x_j} \qquad (3-38)$$

吉尔里指数用来检验局部地区是否有高值或低值在空间上趋于集聚。高的 G_i 值表示高值的样本集中在一起，而低的 G_i 值表示低值的样本集中在一起。G_i 指数还可用于回归分析中的空间滤值处理，解决空间自相关问题。

除局部莫兰指数外，莫兰散点图也常用来研究空间的不稳定性。莫兰散点图是用散点图的形式来描述变量 z 与其空间滞后向量 Wz（即该观测值周围邻近地区的加权平均数）间的相关关系，它能够提供直观的空间自相关效果图。该图的纵轴对应的是空间滞后向量 Wz，横轴对应的是变量 z。散点图分为四个象限，分别对应四个地区与其邻居的相互关系。这四个象限的相互关系如下：

（1）第一象限（高—高，标记为 HH）：它表示区域自身和周边地区的属性水平均较高，二者空间差异程度较小，存在较强的空间正相关，即为热点区。

（2）第二象限（低—高，标记为 LH）：它表示区域自身属性水平较低，周边地区属性水平较高，二者空间差异程度较大，较强的空间负相关，即异质性突出。

（3）第三象限（低—低，标记为 LL）：它表示区域自身和周边地区的属性水平均较低，二者空间差异程度较小，存在较强的空间正相关，即为盲点区。

（4）第四象限（高—低，标记为 HL）：它表示区域自身属性水平较高，周边地区属性水平较低，二者空间差异程度较大，存在较强的空间负相关，即异质性突出。

第一和第三象限都是正的空间自相关关系，这种关系表示一种相似的观测值之间的空间联系，同时暗示一种相似值的相互集聚；第二和第四象限都是负的空间自相关关系，这种关系同样表示具有不同观测值的区域间的一种空间联系，也同样表明一种地域的空间异常；而如果在四个象限均匀地分布着观测值，这种情况表明各个地区之间区域与区域是不存在着空间自相关性的。

第三步：空间计量分析

一般来说，空间计量模型包括三种，即空间滞后模型、空间误差模型和空间杜宾模型。其中，空间滞后模型应用于当因变量之间的空间相关性对计量模型比较重要而产生空间相关的情况；空间误差模型应用于当误差项存在空间相关的情况；空间杜宾模型应用于因变量和自变量都存在空间相关性时。因变量不仅会受到本地区的自变量的影响，还受到其他地区自变量和因变量的影响。

空间滞后模型的具体形式：

$$y = \rho W y + X\beta + \varepsilon \tag{3-39}$$

其中，y 是被解释变量；X 指的是 $n \times k$ 的外生解释变量矩阵；W 指的是 $n \times n$ 阶的空间权重矩阵，表示空间距离对区域行为的作用；ρ 表示空间回归系数，如果 ρ 通过显著性检验，即 $\rho \neq 0$，则表示区域之间确实存在着相互影响关系；ε 是随机干扰项向量，满足条件 $E(\varepsilon) = 0$、$\mathrm{Cov}(\varepsilon) = \sigma^2 I$。

空间误差模型的具体形式如下：

$$y = X\beta + \varepsilon$$
$$\varepsilon = \lambda W \varepsilon + \mu \tag{3-40}$$

其中，误差项 u 满足条件 $E(u) = 0$、$\mathrm{Cov}(u) = \sigma^2 I$，即方差固定且误差项是不相关的。

空间杜宾模型的具体形式如下：

$$y = \rho W y + X\beta_1 + W X\beta_2 + \varepsilon \tag{3-41}$$

第三节　本章小结

本章首先从新经济地理理论出发，基于以"中心—外围"模型构建的局部溢出模型（即 LS 模型），考虑区域内冰山运输成本和区域间冰山运输成本，构建了修正的 LS 模型，从理论的视角对丝绸之路经济带交通基础设施空间效应的机理进行了分析，总结出：改善区域内交通基础设施会提升该地区的产业集中度，并使得经济增长率上升；改善区域间交通基础设施同样会提高产业的集中度，使得经济增长率有所提升；提高知识技术溢出程度可以提升整体的经济增长率。

其次，交通基础设施作为经济发展的先行官，会对本地经济有直接促进作用，由于其自身所具备的网络性和外部性特征还会对周边地区经济有间接促进作用，视为空间溢出效应。本章对交通基础设施空间溢出效应的理论基础和具体实证检验的步骤进行了探讨，为第五章的实证分析提供了研究思路。

第四章 丝绸之路经济带交通基础设施、产业、经济及贸易的发展分析

由于本书的研究涉及丝绸之路经济带的交通基础设施、产业以及经济发展情况，所以有必要进行相应的分析。本章首先根据世界经济论坛发布的《2019年全球竞争力报告》对丝绸之路经济带沿线国家交通基础设施的竞争力和具体发展情况进行了分析。其次，通过产业结构和产业集聚度测算两个方面对丝绸之路经济带沿线国家的产业发展进行了分析，以总结沿线各个国家的三次产业结构以及产业集聚的表现。最后，依据《2019年全球竞争力报告》对丝绸之路经济带沿线国家整体经济实力的竞争力进行了分析，并选取人均GDP和人均GNI数据来反映丝绸之路经济带沿线国家经济发展情况。通过本章的归纳和分析，可以对丝绸之路经济带沿线国家交通基础设施、产业及经济的发展情况有更多的认识和了解，为后文的定量分析提供可靠而翔实的数据。

第一节 丝绸之路经济带的交通基础设施发展

丝绸之路经济带实质上是一个交通经济带，它依托交通基础设施

的发展而发展。因此，有必要对沿线国家的交通基础设施情况进行详细的研究。本小节根据世界经济论坛发布的《2019 年全球竞争力报告》① 对丝绸之路经济带沿线部分国家交通基础设施的竞争力进行分析，此外，还从中选取公路和铁路的相关竞争力指数和数据，分析这两项交通基础设施的发展情况。

根据世界经济论坛发布的《2019 年全球竞争力报告》，丝绸之路经济带沿线部分国家交通基础设施的竞争力指数，如表 4 - 1 所示。

表 4 - 1　　　　丝绸之路经济带沿线国家交通基础设施、

公路、铁路竞争力指数

国家	交通基础设施	公路联通性	公路建设质量	铁路密度（km/1000km^2）	铁路竞争力
中国	68.9 (24)	95.7 (10)	59.7 (45)	7.2	17.9 (61)
蒙古国	35.5 (119)	59.2 (112)	34.7 (112)	1.2	2.9 (96)
巴基斯坦	51.1 (69)	80.2 (52)	50.7 (67)	10.1	25.3 (54)
印度	66.4 (28)	75.8 (72)	58.6 (48)	22.7	56.6 (39)
哈萨克斯坦	48.7 (73)	79.3 (56)	43.2 (93)	5.9	14.9 (66)
吉尔吉斯斯坦	32.1 (129)	59.6 (110)	34.2 (113)	2.2	5.5 (86)
塔吉克斯坦	39.6 (111)	35.8 (137)	58.2 (50)	4.5	11.2 (72)
俄罗斯	57.7 (49)	85.7 (41)	41.3 (99)	5.2	13.1 (69)

_____

① Klaus Schwab. The Global Competitveness Report 2019 ［R］. World Economic Forum, 2019.

国家	交通基础设施	公路联通性	公路建设质量	铁路密度（km/1000km²）	铁路竞争力
乌克兰	55.5 (59)	78.2 (59)	33.7 (114)	37.3	93.3 (25)
格鲁吉亚	46.0 (83)	77.1 (65)	46.6 (81)	18.5	46.2 (44)
阿塞拜疆	65.8 (31)	69.1 (88)	69.4 (27)	25.8	64.5 (34)
亚美尼亚	48.6 (74)	58.6 (114)	44.1 (91)	24.1	60.2 (36)
摩尔多瓦	52.2 (67)	76.0 (70)	26.0 (129)	35.0	87.5 (27)
伊朗	46.8 (82)	85.4 (42)	48.1 (79)	5.5	13.8 (67)
土耳其	64.9 (33)	87.1 (34)	67.0 (31)	13.3	33.2 (52)
约旦	47.4 (80)	76.9 (66)	53.0 (59)	3.3	8.3 (79)
黎巴嫩	49.5 (70)	73.5 (77)	26.6 (127)	n/a	n/a
以色列	67.7 (26)	88.7 (29)	64.3 (37)	69.1	100 (11)
沙特阿拉伯	64.4 (34)	100.0 (1)	69.6 (26)	0.7	1.6 (102)
也门	20.5 (141)	56.7 (119)	18.7 (137)	n/a	n/a
阿曼	73.1 (18)	94.2 (15)	78.8 (10)	n/a	n/a
阿联酋	84.1 (8)	90.1 (23)	83.4 (7)	n/a	n/a
卡塔尔	71.4 (19)	92.0 (18)	75.0 (16)	n/a	n/a

国家	交通基础设施	公路联通性	公路建设质量	铁路密度（km/1000km²）	铁路竞争力
科威特	47.6 (79)	82.4 (47)	45.5 (84)	n/a	n/a
巴林	62.1 (35)	89.8 (26)	70.4 (24)	n/a	n/a
埃及	59.1 (44)	82.2 (48)	68.0 (28)	5.2	12.9 (70)

注：竞争力指数取值为 [0，100]，其中，0 为最弱，100 为最强；括号内表示排名；n/a 表示数据缺省。

资料来源：世界经济论坛《2019 年全球竞争力报告》。

世界经济论坛发布的《2019 年全球竞争力报告》中，共对 141 个国家和地区的交通基础设施竞争力进行了分析和排名。在这 141 个国家和地区中，丝绸之路经济带沿线的阿富汗、乌兹别克斯坦、土库曼斯坦、白俄罗斯以及伊拉克等国家数据缺省。

通过表 4-1 中的数据可知，在交通基础设施竞争力指数方面，丝绸之路经济带沿线国家中排名在前 20 的仅有阿联酋（排名第 8）、阿曼（排名第 18）和卡塔尔（排名第 19）三个国家，有一半的国家排名在 60 名以后，其中也门在 141 个样本国家中排名倒数第一。而数据缺省的阿富汗、乌兹别克斯坦、土库曼斯坦、白俄罗斯以及伊拉克等国家的交通基础设施在一定程度上也比较落后。由此可知，丝绸之路经济带沿线大部分国家交通基础设施的竞争力较弱，与发达国家存在较大的差距。

关于公路竞争力指数，《2019 年全球竞争力报告》中采用了公路联通性（road connectivity）和公路建设质量（quality of road infrastructure）两个指标来进行评价。从整体来看，丝绸之路经济带公路联通性的竞争力指数平均值为 78.05，而公路建设质量的竞争力指数平均值为 52.65。由此可知，丝绸之路经济带沿线国家在公路联通性方面要比公路建设质量更有竞争力。从国别差异来看，在公路联通性方面，沙特阿拉伯、中国、阿曼、卡塔尔四个国家进入了全球前 20 名，其中，沙特阿拉伯以 100 分排名全球第一，其余三个国家全球排名分别为第 10、15、18 名。同时，也有吉尔吉斯斯坦、蒙古国、亚美尼亚、也门和塔吉克斯坦五个国家排名位于全球 100 名之后。在公路建设质量方面，阿联酋、阿曼、卡塔尔三个国家进入全球前 20 名，其中，阿联酋以 83.4 的分值排名全球第 7，阿曼以 78.8 的分值排名全球第 10，卡塔尔以 75.0 的分值排名全球第 16。同时，也有蒙古国、吉尔吉斯斯坦、乌克兰、黎巴嫩、摩尔多瓦、也门六个国家排名位于全球 100 名之后。通过两个方面的排名来看，丝绸之路经济带沿线国家的公路竞争力指数存在较大的国别差异。

关于铁路竞争力，《2019 年全球竞争力报告》从铁路密度（rail-road density）和铁路竞争力两个方面来进行评价。根据世界银行的世界发展指标（WDI）数据，在铁路里程数绝对值方面，丝绸之路经济带沿线国家之间存在较大差距，印度、中国、俄罗斯三个国家的铁路里程数均超过了 60000 公里，而塔吉克斯坦、吉尔吉斯斯坦、以色列、摩尔多瓦、亚美尼亚等国家的铁路里程数均未超过 2000 公里。其中，俄罗斯 2019 年的铁路里程数达到了 85494 公里，而吉尔吉斯斯坦的铁路里程数仅有 424 公里，两者相差了 200 余倍。此外，也门、巴林、卡塔尔、科威特、阿曼、约旦等国到目前为止还没有铁路；黎巴嫩原有铁路里程 402 公里，之后由于战争问题遭到破坏而废弃至今;[①] 阿富汗的铁路建设起步较晚，历史上的第一条铁路于 2011 年底通车，里程数为 75 公里，第二条铁路为阿富汗—伊朗的边境铁

---

① 引自商务部国际经济贸易合作研究院、中国驻黎巴嫩大使馆经济商务参赞处及商务部对外投资和经济合作司合作编写的《对外投资合作国别（地区）指南——黎巴嫩（2017 年版）》。

路，自阿富汗城市赫拉特（Herat）至伊朗城市卡夫（Khawaf），全长140公里。

在铁路密度方面，丝绸之路经济带沿线国家铁路密度最大的是以色列，2019 年以色列的铁路密度达到了 69.1 公里每千平方公里，位于以色列之后排名第二和第三的国家是乌克兰和摩尔多瓦，它们的铁路密度分别为 37.3 公里每千平方公里和 35.0 公里每千平方公里。而铁路密度较低的国家包括沙特阿拉伯、蒙古国和吉尔吉斯斯坦等国家，这几个国家在 2019 年的铁路密度分别为 0.7 公里每千平方公里、1.2 公里每千平方公里和 2.2 公里每千平方公里。在铁路竞争力方面，主要是根据铁路密度相关数据进行评价，其中，以色列铁路竞争力指数为 100，全球排名第 11。① 乌克兰和摩尔多瓦铁路竞争力指数分别为 93.3 和 87.5，全球排名分别为第 25 名和第 27 名。而排名较为落后的国家沙特阿拉伯、蒙古国和吉尔吉斯斯坦，铁路竞争力指数分别为 1.6、2.9 和 5.5，全球排名分别为第 102名、第 96 名和第 86 名。

第二节　丝绸之路经济带的产业发展

一、丝绸之路经济带产业结构情况

本书选取农业、工业及服务业的产业增加值占 GDP 的比重来分析丝绸之路经济带沿线国家的产业结构，并通过 2010 年和 2019 年的对比，分析产业结构的发展趋势，具体数据见表 4-2。

---

① 新加坡铁路密度为 281.5 公里每千平方公里，排名全球第一。

表 4 - 2 丝绸之路经济带沿线国家

2010 年和 2019 年的产业结构 单位: %

国家	农业增加值占 GDP 比重		工业增加值占 GDP 比重		服务业增加值占 GDP 比重	
	2010 年	2019 年	2010 年	2019 年	2010 年	2019 年
中国	9.3	7.1	46.5	38.6	44.2	54.3
蒙古国	11.7	10.8	33.2	38.5	55.1	50.7
阿富汗	26.2	25.8	21.2	14.1	52.6	60.2
巴基斯坦	23.3	22.0	19.7	18.3	57.0	59.6
印度	17.0	16.7	30.7	24.2	52.2	59.1
哈萨克斯坦	4.5	4.5	40.6	33.0	54.9	62.5
吉尔吉斯斯坦	17.4	11.7	26.3	28.5	56.3	59.8
塔吉克斯坦	19.6	20.9	25.0	33.1	55.4	46.1
乌兹别克斯坦	28.7	25.5	22.6	32.7	48.7	41.8
土库曼斯坦	11.3	10.8	59.1	42.0	29.5	47.2
俄罗斯	3.3	3.5	30.0	32.3	66.7	64.2
乌克兰	7.4	9.0	25.9	22.6	66.7	68.4
白俄罗斯	8.9	6.8	35.4	31.7	55.7	61.5
格鲁吉亚	8.5	6.5	16.9	20.3	74.7	73.2
阿塞拜疆	5.5	5.7	60.0	48.8	34.5	45.5
亚美尼亚	17.9	12.0	27.8	24.3	54.3	63.7
摩尔多瓦	11.2	10.1	20.4	22.8	68.4	67.2
伊朗	6.5	12.2	44.2	31.7	49.3	56.1
伊拉克	5.2	3.3	55.8	52.5	39.0	44.2
土耳其	9.0	6.4	24.5	27.2	66.5	66.4
约旦	3.6	4.9	26.3	24.5	70.2	70.6
黎巴嫩	3.9	3.1	13.8	12.8	82.3	84.2
以色列	1.5	1.1	21.1	18.5	77.4	80.4
沙特阿拉伯	2.6	2.2	58.4	47.4	39.0	50.3

续表

国家	农业增加值占 GDP 比重		工业增加值占 GDP 比重		服务业增加值占 GDP 比重	
	2010 年	2019 年	2010 年	2019 年	2010 年	2019 年
也门	8.2	5.0	43.8	35.6	48.1	59.4
阿曼	1.4	2.4	65.8	53.7	32.8	43.9
阿联酋	0.8	0.7	52.5	46.2	46.7	53.1
卡塔尔	0.1	0.2	73.2	56.9	26.7	42.9
科威特	0.5	0.4	66.1	58.4	33.5	41.2
巴林	0.3	0.3	45.0	42.3	54.7	57.4
埃及	13.3	11.0	35.8	35.6	50.9	53.3
平均值	9.3	8.5	37.7	33.8	53.0	57.7

资料来源：世界银行 WDI。

通过表 4-2 中的数据可知：从整体平均值来看，2019 年农业、工业和服务业三次产业的平均值分别为 8.5%、33.8% 和 57.7%，由此可以看出，丝绸之路经济带沿线国家服务业占 GDP 比重最高，工业其次，农业最低。在变化趋势方面，从 2010 年至 2019 年农业整体平均值从 9.3% 降至 8.5%，减少了 0.8 个百分点；工业整体平均值从 37.7% 降至 33.8%，减少了 3.9 个百分点；服务业整体平均值从 53.0% 上升至 57.7%，增加了 4.7 个百分点。

从 2010 年到 2019 年这十年间，丝绸之路经济带沿线国家在农业、工业和服务业三次产业上的变化趋势如下。（1）根据农业增加值占 GDP 的比重来看，从 2010 年至 2019 年一部分国家保持不变或出现了不同程度的增加，比如哈萨克斯坦、塔吉克斯坦、俄罗斯、乌克兰、阿塞拜疆、伊朗、约旦、阿曼、卡塔尔、巴林等，其中总增加幅度最大的国家为伊朗，增加了 5.7%；其他的国家则出现了不同程度的下降，下降幅度最大的国家为亚美尼亚，下降了 5.9%。（2）根据工业增加值占 GDP 的比重来看，从 2010 年至 2019 年呈现增长趋势的国家包括蒙古国、吉尔吉斯斯坦、塔吉克斯坦、乌兹别克斯坦、俄罗斯、格鲁吉亚、摩尔多瓦和土耳其等，其中增加幅度最大的国家是乌兹别克斯坦，增加了 10.1%；其他的国家则出现了不同程度的下降，下降幅度最大的国家为土库曼斯坦，下降了 17.1%。（3）根据服务业增加值占 GDP 的比重来看，从 2010 年至 2019 年呈现增长趋势的国家包括中国、阿富汗、巴基斯坦、印度、哈萨克斯坦、吉尔吉斯斯坦、土库曼斯坦、乌克兰、白俄罗斯、阿塞拜疆、亚美尼亚、伊朗、伊拉克、约旦、黎巴嫩、以色列、沙特阿拉伯、也门、阿曼、阿联酋、卡塔尔、科威特、巴林、埃及等，其中增加幅度最大的国家是土库曼斯坦，增加了 17.7%；其他的国家则出现了不同程度的下降，下降幅度最大的国家为塔吉克斯坦，下降了 9.3%。根据三次产业从 2010 年至 2019 年的整体变化趋势来看，丝绸之路经济带沿线国家在农业和工业方面呈现下降趋势的较多，在服务业上呈现上升趋势的较多，这也符合当今产业变化的趋势。其中，农业变化幅度的平均值为 −0.84%（下降），工业变化幅度的平均值为 −3.82%（下降），服务业变化幅度的平均值为 4.67%（上升）。

从国别差异来看，可根据 2019 年三次产业增加值占 GDP 的比重的数据进行分析。在农业方面，农业增加值占 GDP 比重最小的国家是卡塔尔（0.2%），其次为巴林（0.3%）、科威特（0.4%）和阿联酋（0.7%）；农业增加值占 GDP 比重最大的国家是阿富汗（25.8%），其次为乌兹别克斯坦（25.5%）、巴基斯坦（22.0%）和塔吉克斯坦（20.9%）。在工业方面，工业增加值占 GDP 比重最小的国家是黎巴嫩（12.8%），其次为阿富汗（14.1%）、巴基斯坦（18.3%）和以色列（18.5%）；工业增加值占 GDP 比重最大的国家是科威特（58.4%），其次为卡塔尔（56.9%）、阿曼（53.7%）和伊拉克（52.5%）。在服务业方面，服务业增加值占 GDP 比重最小的国家是科威特（41.2%），其次为乌兹别克斯坦（41.8%）、卡塔尔（42.9%）和阿曼（43.9%）；服务业增加值占 GDP 比重最大的国家是黎巴嫩（84.2%），其次为以色列（80.4%）、格鲁吉亚（73.2%）和约旦（70.6%）。

二、丝绸之路经济带沿线国家优势产业

对于丝绸之路经济带沿线的国家来说，交通基础设施的建设可以提高运输效率，降低运输成本，促进生产要素的流动，对区域分工、专业化和产业发展产生影响。得益于交通基础设施的建设，丝绸之路经济带沿线国家的产业在分工、专业化和产业发展上都得到了进步。

本书参考《"一带一路"国家产业竞争力分析》①《中国与"一带一路"沿线国家经贸合作国别报告》②，总结出丝绸之路经济带沿线国家的优势产业以及我国与各个国家合作的重点产业和领域，并从不同区域来进行分析。其中，中亚—南亚—东亚区域各个国家的产业发展情况见表 4-3，独联体区域各个国家的产业发展情况见表 4-4，西亚—北非区域各个国家的产业发展情况见表 4-5。

表 4-3　　　　中亚—南亚—东亚区域部分国家产业发展情况

国家	优势产业（产品）	中国与其合作重点领域
蒙古国	畜牧业、采矿业等	矿产业、能源产业、建筑业、金融业、餐饮服务业等
阿富汗	农牧业	能源产业、矿产业等

① 张其仔，等."一带一路"国家产业竞争力分析（上册、下册）[M].北京：社会科学文献出版社，2017.

② 张晓涛.中国与"一带一路"沿线国家经贸合作国别报告 [M].北京：经济科学出版社，2018.

续表

国家	优势产业（产品）	中国与其合作重点领域
巴基斯坦	纺织业、食品加工业等	通信产业、油气勘探业、基础设施建设、能源产业等
印度	纺织业、渔业、珠宝产业、生物医药业等	电信产业、电力、钢铁、机械产业等
哈萨克斯坦	农业、锌及其制品、铅及其制品、化工产业、石油产业等	石油产业、电力、通信产业、机械产业、建筑业等
吉尔吉斯斯坦	皮革业、宝石、烟草业等	批发和零售业、制造业、通讯产业、矿产资源勘探与开发等
塔吉克斯坦	蚕丝、铝及其制品、采矿业等	租赁和商业服务业、制造业、批发和零售业等
乌兹别克斯坦	宝石、锌及其制品、铜及其制品、化工产业等	租赁和商业服务业、制造业等
土库曼斯坦	石油产业、天然气产业等	租赁和商业服务业、建筑业、石油产业、钢铁产业等

根据表4-3可知，中亚—南亚—东亚区域各个国家的优势产业（产品）主要与农业、畜牧业以及矿产资源有关，该区域内大部分国家产业发展水平比较落后，矿产资源却比较丰富，所以可以在矿产资源相关产业进行发展。我国与这些国家开展合作的重点产业以矿产资源相关产业、制造业、租赁和商业服务业等为主，这主要是由于该区域内大部分国家生产条件和生产技术比较落后，物资也比较匮乏，需要我国与其开展相应的合作。

根据表4-4可知，独联体各个国家的优势产业是以石油、天然气等矿产资源相关产业以及汽车、钢铁等重工业为主。这主要是由于该区域矿产资源丰富，具有较好的工业基础和一定的工业生产能力。我国与该区域的合作重点产业以制造业、建筑业、能源产业等为主。

表 4 - 4　　　　　　　独联体区域部分国家产业发展情况

国家	优势产业（产品）	中国与其合作重点领域
俄罗斯	原木及木制品、石油产业、天然气、钢铁等相关产业等	制造业、农林牧渔业、采矿业、建筑业、科学研究和技术服务业等
白俄罗斯	羊毛类产品、石油产业、天然气相关产业，乳制品产业、汽车产业等	制造业、建筑业、批发和零售业、租赁和商业服务业等
乌克兰	汽车产业、钢铁产业等	批发和零售业、租赁和商务服务业、制造业等
格鲁吉亚	饮料加工业、钢铁产业、采矿业等	采矿业
阿塞拜疆	采矿业、制糖业等	能源产业、通信产业、建筑业、农业等
亚美尼亚	宝石、饮料加工业、采矿业、烟草业等	通信产业、基础设施建设等

表 4 - 5　　　　　　西亚—北非区域部分国家产业发展情况

国家	优势产业（产品）	中国与其合作重点领域
伊朗	纺织业、石油产业、锌及其制品	油气产业、基础设施建设、商务咨询与服务、装备制造业等
伊拉克	石油产业	石油产业
土耳其	纺织业、钢铁产业、旅游业等	通信产业、交通产业、能源产业、制造业、金融业等
约旦	化工产业、轻工业等	能源产业、服装加工、电子科技等
黎巴嫩	印刷业、铜及其制品等	通信产业等
沙特阿拉伯	石油产业、化工产业等	建筑、租赁及商务服务业等
也门	渔业、皮革业、石油产业等	基础设施建设、能源产业、电子科技、金属冶炼、渔业等
阿曼	石油产业	石油化工、交通基础设施等
阿联酋	旅游业、航空业、制药业、石油产业等	能源产业、钢铁产业、建筑业、化工产业等

续表

国家	优势产业（产品）	中国与其合作重点领域
卡塔尔	石油产业、旅游业、金融业等	建筑业、贸易、金融业等
科威特	石油产业	基础设施建设、石油产业、通信产业等
巴林	烟草业、铝及其制品等	建筑业、信息咨询等

根据表 4-5 可知，西亚—北非区域各个国家的优势产业以石油产业为主，这与该区域大部分国家所具备的石油资源禀赋密切相关。此外，部分国家旅游业、金融业也比较发达，如卡塔尔、阿联酋等。我国与西亚—北非区域合作的重点产业以能源产业、基础设施建设、通信产业等为主。

三、丝绸之路经济带沿线国家产业集聚测度

本书利用区位熵从两个角度对丝绸之路经济带沿线国家的产业集聚度①进行测算，一是从 2010～2019 年三次产业的产业集聚度发展变化趋势进行分析；二是从 2019 年细分产业的产业集聚度进行细化分析。测算的区位熵的值越大，即产业集聚度越高，表明该产业具备的产业优势越明显；反之，则产业优势越不明显。当区位熵的值呈现逐年下降趋势时，表明该地区该产业向周边地区扩散倾向较为明显；当区位熵的值呈现逐年上升趋势时，表明该地区该产业的集聚倾向较为明显。当区位熵的值大于 1 时，表明该地区该产业具有较强的竞争力；当区位熵的值等于 1 时，表明该地区该产业发展一般，无明显优势；当区位熵的值小于 1 时，表明该地区该产业竞争力较弱。具体计算结果如表 4-6 和表 4-7 所示。

---

① 计算区位熵时所使用的产业增加值数据来源于联合国数据库（UN data）。

表 4-6　　　　2010 年和 2019 年丝绸之路经济带沿线
国家三次产业集聚度变化趋势

国家	2010 年			2019 年			变化幅度（%）		
	农业	工业	服务业	农业	工业	服务业	农业	工业	服务业
中国	1.00	1.10	0.91	0.89	1.09	0.96	-11.0	-0.9	5.5
蒙古国	1.11	0.66	1.28	1.35	1.08	0.90	21.6	63.6	-29.7
阿富汗	2.80	0.51	1.11	3.21	0.40	1.06	14.6	-21.6	-4.5
巴基斯坦	2.72	0.48	1.15	2.75	0.52	1.06	1.1	8.3	-7.8
印度	2.04	0.75	1.03	2.08	0.68	1.05	2.0	-9.3	1.9
哈萨克斯坦	0.49	0.91	1.17	0.56	0.93	1.11	14.3	2.2	-5.1
吉尔吉斯斯坦	2.08	0.59	1.17	1.45	0.80	1.06	-30.3	35.6	-9.4
塔吉克斯坦	2.58	0.64	1.03	2.60	0.93	0.82	0.8	45.3	-20.4
乌兹别克斯坦	2.18	0.80	0.97	3.19	0.92	0.74	46.3	15.0	-23.7
土库曼斯坦	1.53	1.04	0.86	1.35	1.18	0.84	-11.8	13.5	-2.3
俄罗斯	0.46	0.82	1.26	0.44	0.91	1.14	-4.3	11.0	-9.5
乌克兰	1.04	0.66	1.30	1.12	0.64	1.21	7.7	-3.0	-6.9
白俄罗斯	1.21	0.95	1.01	0.85	0.89	1.09	-29.8	-6.3	7.9
格鲁吉亚	0.89	0.55	1.42	0.81	0.57	1.30	-9.0	3.6	-8.5
阿塞拜疆	0.74	1.70	0.43	0.71	1.38	0.80	-4.1	-18.8	86.0
亚美尼亚	2.56	0.87	0.84	1.50	0.68	1.13	-41.4	-21.8	34.5
摩尔多瓦	1.28	0.49	1.40	1.25	0.64	1.19	-2.3	30.6	-15.0
伊朗	0.82	0.88	1.14	1.52	0.89	0.99	85.4	1.1	-13.2
伊拉克	0.49	1.24	0.88	0.42	1.48	0.78	-14.3	19.4	-11.4
土耳其	1.06	0.70	1.26	0.80	0.77	1.17	-24.5	10.0	-7.1
约旦	0.35	0.70	1.38	0.61	0.69	1.25	74.3	-1.4	-9.4
黎巴嫩	0.49	0.37	1.66	0.38	0.36	1.49	-22.4	-2.7	-10.2
以色列	0.19	0.51	1.58	0.14	0.52	1.42	-26.3	2.0	-10.1
沙特阿拉伯	0.28	1.38	0.79	0.28	1.34	0.89	—	-2.9	12.7

国家	2010 年			2019 年			变化幅度（%）		
	农业	工业	服务业	农业	工业	服务业	农业	工业	服务业
也门	1.65	1.70	0.26	0.67	1.04	1.02	-59.4	-38.8	292.0
阿曼	0.16	1.58	0.64	0.29	1.51	0.78	81.3	-4.4	21.9
阿联酋	0.09	1.34	0.87	0.09	1.30	0.94	—	-3.0	8.0
卡塔尔	0.01	1.72	0.54	0.03	1.60	0.76	200.0	-7.0	40.7
科威特	0.04	1.50	0.73	0.05	1.65	0.73	25.0	10.0	—
巴林	0.03	1.00	1.18	0.04	1.19	1.02	33.3	19.0	-13.6
埃及	1.41	0.74	1.16	1.38	1.01	0.94	-2.1	36.5	-19.0

根据表 4 - 6 可知，从 2010 年至 2019 年，在农业产业集聚度方面呈现下降趋势的包括中国在内的 15 个国家，其中，下降幅度最大的是也门，从 2010 年的 1.65 到 2019 年的 0.67，下降了 59.4%；下降绝对值最大的是亚美尼亚，从 2010 年的 2.56 到 2019 年的 1.50，下降了 1.06。在农业产业集聚度方面呈现上升趋势的包括蒙古国在内的 14 个国家，其中，上升幅度最大的是卡塔尔，从 2010 年的 0.01 到 2019 年的 0.03，上升了 200.0%；上升绝对值最大的乌兹别克斯坦，从 2010 年的 2.18 到 2019 年的 3.19，上升了 1.01。此外，沙特阿拉伯和阿联酋两个国家，农业产业集聚度从 2010 年至 2019 年基本保持不变，分别维持在 0.28 和 0.09。

在工业产业集聚度方面呈现下降趋势的包括中国在内的 14 个国家，其中，下降幅度和下降绝对值最大的均是也门，其工业产业集聚度从 2010 年的 1.70 到 2019 年的 1.04，下降幅度和下降绝对值分别为 38.8% 和 0.66。在工业产业集聚度方面呈现上升趋势的包括蒙古国在内的 17 个国家，其中，上升幅度和上升绝对值最大的均是蒙古国，其工业产业集聚度从 2010 年的 0.66 到 2019 年的 1.08，上升幅度和上升绝对值分别为 63.6% 和 0.42。

在服务业产业集聚度方面呈现下降趋势的包括蒙古国在内的 20 个国家，其中，下降幅度和下降绝对值最大的均是蒙古国，其服务业产业集聚度从 2010 年的 1.28 下降到 2019 年的 0.90，下降幅度和下降绝对值分别为 29.7% 和 0.38。在服务业产业集聚度方面呈现上升趋势的包括中国在内的 10 个国家，其中，上升幅度和上升绝对值最大的均是也门，其服务业产业集聚度从 2010 年的 0.26 到 2019 年的 1.02，上升幅度和上升绝对值分别为 292.0% 和 0.76。此外，科威特的服务业产业集聚度从 2010 年至 2019 年基本保持不变，维持在 0.73。

从国别差异来看，根据 2019 年的数据，在农业产业集聚度方面，阿富汗最高（3.21），卡塔尔最低（0.03）。同时，农业产业集聚度大于 1 的国家包括蒙古国、巴基斯坦、印度、吉尔吉斯斯坦、塔吉克斯坦、乌兹别克斯坦、土库曼斯坦、乌克兰、亚美尼亚、摩尔多瓦、伊朗和埃及等国，这些国家的农业具有相对较强的竞争力。在工业产业集聚度方面，科威特最高（1.65），黎巴嫩最低（0.36）。同时，工业产业集聚度大于 1 的国家包括中国、蒙古国、土库曼斯坦、阿塞拜疆、伊拉克、沙特阿拉伯、也门、阿曼、阿联酋、卡塔尔、科威特、巴林和埃及等国，这些国家的工业具有相对较强的竞争力。在服务业产业集聚度方面，黎巴嫩最高（1.49），科威特最低（0.73）。同时，服务业产业集聚度大于 1 的国家包括阿富汗、巴基斯坦、印度、哈萨克斯坦、吉尔吉斯斯坦、俄罗斯、乌克兰、白俄罗斯、格鲁吉亚、亚美尼亚、摩尔多瓦、土耳其、约旦、黎巴嫩、以色列、也门和巴林等国，这些国家的服务业具有相对较强的竞争力。

表 4 - 7　　　2019 年丝绸之路经济带沿线国家细分产业集聚度

国家	农林牧渔业	采矿业	制造业	建筑业	批发零售业和住宿餐饮业	交通、仓储和邮政业	其他产业
中国	0.97	0.71	1.23	0.98	0.91	0.76	1.01
蒙古国	1.45	2.95	0.34	0.56	1.08	1.33	0.86
阿富汗	2.63	0.12	0.51	1.41	0.65	1.09	0.58
巴基斯坦	2.77	0.51	0.56	0.31	1.51	2.16	0.67
印度	1.91	0.58	0.74	1.13	0.93	1.12	1.02
哈萨克斯坦	0.53	1.91	0.54	0.94	1.57	1.78	0.89
吉尔吉斯斯坦	1.57	0.36	0.72	1.35	1.81	1.38	0.75
塔吉克斯坦	2.46	0.44	0.75	1.77	1.25	2.03	0.51
乌兹别克斯坦	1.95	0.51	0.95	1.05	0.85	2.03	0.75
土库曼斯坦	1.47	1.87	0.35	1.24	0.36	1.03	0.71
俄罗斯	0.53	1.44	0.61	0.98	1.44	1.28	1.06
乌克兰	1.52	1.28	0.65	0.35	1.38	1.98	0.85
白俄罗斯	0.86	0.74	1.03	1.08	1.11	2.03	0.85
格鲁吉亚	0.98	0.55	0.57	1.21	1.54	1.61	1.07
阿塞拜疆	0.67	4.17	0.26	1.66	1.12	1.48	0.57
亚美尼亚	1.91	1.01	0.46	1.29	1.06	1.04	1.03
摩尔多瓦	1.55	0.41	0.61	0.48	1.43	2.11	0.98
伊朗	1.08	2.07	0.55	0.76	1.07	1.67	0.93
伊拉克	0.44	3.88	0.08	0.88	0.88	1.66	0.99
土耳其	0.78	0.43	0.84	1.43	1.29	1.83	0.97
约旦	0.46	0.66	0.78	0.67	0.82	2.06	1.30
黎巴嫩	0.33	0.31	0.23	0.55	1.66	1.11	1.67
以色列	0.15	0.26	0.58	0.84	0.99	2.17	1.48
沙特阿拉伯	0.31	2.91	0.56	0.97	0.95	1.09	1.02

续表

国家	农林牧渔业	采矿业	制造业	建筑业	批发零售业和住宿餐饮业	交通、仓储和邮政业	其他产业
也门	1.69	2.18	0.42	0.62	1.36	1.96	0.71
阿曼	0.13	5.16	0.42	0.92	0.64	0.78	0.78
阿联酋	0.08	2.51	0.43	1.51	1.25	1.73	0.94
卡塔尔	0.02	3.59	0.38	1.66	0.88	0.74	0.98
科威特	0.05	6.24	0.25	0.28	0.35	0.85	0.89
巴林	0.04	1.65	0.81	1.18	0.58	1.22	1.28
埃及	1.31	1.25	0.76	0.81	1.29	1.38	0.87
平均值	1.052	1.699	0.580	0.996	1.097	1.500	0.935

注："其他产业"包括金融业、房地产业、租赁和商务服务业、科学研究和技术服务业、教育等产业。

根据表4-7，从2019年细分产业集聚度来看，按照平均值排列，采矿业集聚度的平均值最高，为1.699；交通、仓储和邮政业的产业集聚度平均值仅次于采矿业，为1.500；然后是批发零售业和住宿餐饮业（1.097），农林牧渔业（1.052），建筑业（0.996），其他产业（0.935）；而制造业集聚度的平均值最低，仅为0.580。

在农林牧渔业方面，产业集聚度最高的国家是巴基斯坦（2.77），其次为阿富汗（2.63）、塔吉克斯坦（2.46）等；而产业集聚度最低的国家是卡塔尔（0.02），其次为巴林（0.04）、科威特（0.05）等。

在采矿业方面，产业集聚度最高的国家是科威特（6.24），其次为阿曼（5.16）、阿塞拜疆（4.17）等；而产业集聚度最低的国家是阿富汗（0.12），其次为以色列（0.26）、黎巴嫩（0.31）等。从区域上来看，西亚地区大部分国家的采矿业集聚度都较高，这主要是由于该地区石油资源丰富，带动了采矿业的发展。此外，采矿业集聚度较高的阿塞拜疆、蒙古国、哈萨克斯坦、土库曼斯坦等国家，同样也具有丰富的矿产资源。

在制造业方面，产业集聚度最高的国家是中国（1.23），其次为白俄罗斯（1.03）、乌兹别克斯坦（0.95）等，其中，中国和白俄罗斯也是仅有的制造业集聚度超过1的国家；而产业集聚度最低的国家是伊拉克（0.08），其次为黎巴嫩（0.23）、科威特（0.25）等。从数据不难发现，丝绸之路经济带沿线大部分国家的制造业都不太发达，而中国作为制造业大国，在该产业上相比其他国家具有十分明显的产业优势。

在建筑业方面，产业集聚度最高的国家是塔吉克斯坦（1.77），其次为阿塞拜疆（1.66）、卡塔尔（1.66）等；而产业集聚度最低的国家是科威特（0.28），其次为巴基斯坦（0.31）、乌克兰（0.35）等。

在批发零售业和住宿餐饮业方面，产业集聚度最高的国家是吉尔吉斯斯坦（1.81），其次为黎巴嫩（1.66）、哈萨克斯坦（1.57）等；而产业集聚度最低的国家是科威特（0.35），其次为土库曼斯坦（0.36）、巴林（0.58）等。

在交通、仓储和邮政业方面，产业集聚度最高的国家是以色列（2.17），其次为巴基斯坦（2.16）、摩尔多瓦（2.11）等；而产业集聚度最低的国家是卡塔尔（0.74），其次为中国（0.76）、阿曼（0.78）等。

在其他产业方面，产业集聚度最高的国家是黎巴嫩（1.67），其次为以色列（1.48）、约旦（1.30）等；而产业集聚度最低的国家是塔吉克斯坦（0.51），其次为阿塞拜疆（0.57）、阿富汗（0.58）等。

第三节　丝绸之路经济带的经济发展

一、竞争力分析

本节使用全球竞争力指数（the global competitiveness index）来对丝绸之路经济带沿线各个国家的竞争力进行分析，以作为反映其经济发展情况的重要参考。全球竞争力指数来源于世界经济论坛发布的《2019 年全球竞争力报告》，主要由 12 项竞争力衡量指标[①]组成，包括：行政结构、基础设施、数字信息化程度、宏观经济稳健性、人力资源健康、人力资源技能、商品市场、劳动力市场、金融系统、市场规模、商业活力和创新能力。具体的全球竞争力指数数据可见表 4－8，分指标的全球竞争力指数数据可见附录二。

表 4－8　　　　2019 年丝绸之路经济带沿线国家的全球竞争力指数

国家	指数	排行	国家	指数	排行
中国	72.6	28	伊朗	54.9	89
蒙古国	52.7	99	土耳其	61.6	61
巴基斯坦	51.1	107	约旦	59.3	73
印度	62.0	58	黎巴嫩	57.7	80
哈萨克斯坦	61.8	59	以色列	76.6	20

---

① 12 项竞争力衡量指标为：行政结构、基础设施、数字信息化程度、宏观经济稳健性、人力资源健康、人力资源技能、商品市场、劳动力市场、金融系统、市场规模、商业活力、创新能力。

续表

国家	指数	排行	国家	指数	排行
吉尔吉斯斯坦	53.0	97	沙特阿拉伯	67.5	39
塔吉克斯坦	52.2	102	也门	36.4	139
俄罗斯	65.6	43	阿曼	64.4	47
乌克兰	57.0	83	阿联酋	73.4	27
格鲁吉亚	60.9	66	卡塔尔	71.0	30
阿塞拜疆	60.0	69	科威特	62.1	54
亚美尼亚	59.9	70	巴林	63.6	50
摩尔多瓦	55.5	88	埃及	53.6	94

注：阿富汗、乌兹别克斯坦、土库曼斯坦、白俄罗斯和伊拉克等国家的数据缺省。分数为 0～100 分，其中 100 分代表最佳情况。

资料来源：世界经济论坛《2019 年全球竞争力报告》。

根据表 4－8 中的数据，丝绸之路经济带沿线国家中全球竞争力较强的国家分别为：以色列，指数最高，为 76.6，全球排名第 20 名；其次为阿联酋（73.4），全球排名第 27 名；第三为中国（72.6），全球排名第 28 名；第四为卡塔尔（71.0），全球排名第 30 名。而全球竞争力排名最后的几个国家分别为：也门，指数最低，为 36.4，全球排名第 139 名；其次为巴基斯坦（指数为 51.1，全球排名第 107 名）、塔吉克斯坦（指数为 52.2，全球排名第 102 名）。从整体来看，丝绸之路经济带沿线国家的全球竞争力较弱，仅有 4 个国家排名位于全球前 30 名，其余国家的全球竞争力排名均比较落后。

从全球竞争力指数 12 个衡量指标的整体平均值来看，丝绸之路经济带沿线国家在人力资源健康方面的表现最好，竞争力指数平均值达到了 75.68；在创新能力方面的表现最差，竞争力指数平均值仅为 40.97。其他几个指标的竞争力指数平均值由高到低依次为：宏观经济稳健性方面竞争力指数平均值为 75.45，基础设施方面竞争力指数平均值为 69.27，人力资源技能方面竞争力指数平均值为 63.26，金融系统方面竞争力指数平均值为 60.07，商业活力方面竞争力指数平均值为 59.88，市场规模方面竞争力指数平均值为 59.87，劳动力市场方面竞争力指数平均值为 58.85，数字信息化程度方面竞争力指数平均值为 57.28，商品市场方面竞争力指数平均值为 56.11，行政结构方面竞争力指数平均值为 54.69。

从全球竞争力指数 12 个衡量指标的国别差异来看，在行政结构方面，竞争力指数较高的国家依次为阿联酋（73.3）、以色列（65.6）、沙特阿拉伯（63.2）；竞争力指数较低的国家依次为也门（29.0）、伊朗（42.5）、黎巴嫩（44.4）。在基础设施方面，竞争力指数较高的国家依次为阿联酋（88.5）、以色列（83.0）、卡塔尔（81.6）；竞争力指数较低的国家依次为也门（33.9）、巴基斯坦（55.6）、吉尔吉斯斯坦（55.8）。在数字信息化程度方面，竞争力指数较高的国家依次为阿联酋（91.9）、卡塔尔（83.8）、中国（78.5）；竞争力指数较低的国家依次为也门（17.6）、巴基斯坦（25.2）、塔吉克斯坦（31.8）。在宏观经济稳健性方面，竞争力指数达到最佳情况 100 的有以色列、沙特阿拉伯、阿联酋、科威特四个国家，其次为中国（98.8）、卡塔尔（98.6）；竞争力指数较低的国家依次为也门（34.4）、埃及（44.7）、伊朗（52.2）。在人力资源健康方面，竞争力指数较高的国家依次为以色列（98.1）、科威特（96.1）、卡塔尔（88.6）；竞争力指数较低的国家依次为也门（52.3）、巴基斯坦（56.3）、印度（60.5）。在人力资源技能方面，竞争力指数较高的国家依次为以色列（79.6）、沙特阿拉伯（75.3）、阿曼（71.5）；竞争力指数较低的国家依次为也门（35.6）、巴基斯坦（40.8）、印度（50.5）。在商品市场方面，竞争力指数较高的国家依次为阿联酋（71.7）、卡塔尔（66.8）、巴林（65.1）；竞争力指数较低的国家依次为伊朗（41.6）、巴基斯坦（45.5）、也门

（46.1）。在劳动力市场方面，竞争力指数较高的国家依次为以色列（71.1）、阿塞拜疆（69.4）、哈萨克斯坦（67.8）；竞争力指数较低的国家依次为也门（40.9）、伊朗（41.3）、埃及（49.5）。在金融系统方面，竞争力指数较高的国家依次为卡塔尔（81.3）、以色列（80.6）、中国（75.0）；竞争力指数较低的国家依次为也门（29.0）、乌克兰（42.3）、摩尔多瓦（46.8）。在市场规模方面，竞争力指数较高的国家依次为中国（100）、印度（93.7）、俄罗斯（84.2）；竞争力指数较低的国家依次为摩尔多瓦（36.1）、吉尔吉斯斯坦（36.3）、塔吉克斯坦（36.4）。在商业活力方面，竞争力指数较高的国家依次为以色列（79.6）、阿塞拜疆（71.5）、阿联酋（69.3）；竞争力指数较低的国家依次为也门（37.4）、伊朗（44.3）、黎巴嫩（53.0）。在创新能力方面，竞争力指数较高的国家依次为以色列（74.2）、中国（64.8）、俄罗斯（52.9）；竞争力指数较低的国家依次为也门（25.3）、吉尔吉斯斯坦（26.2）、塔吉克斯坦（28.0）。

二、经济发展情况

本书首先选取人均 GDP 来对丝绸之路经济带沿线国家的经济发展情况进行分析，具体数据见表 4 - 9。

表 4 - 9　　　　2010 ~ 2019 年丝绸之路经济带
沿线国家人均 GDP 及对比　　　　单位：美元

年份	丝绸之路经济带国家	高收入国家	中高等收入国家	中等收入国家	低收入国家	世界平均
2010	10580.70	39390.73	6306.63	3824.79	625.42	9558.77
2011	12508.93	42323.08	7552.60	4493.18	648.39	10494.84
2012	13115.22	42116.65	8031.70	4732.92	652.09	10609.77

续表

年份	丝绸之路 经济带国家	高收入 国家	中高等 收入国家	中等收入 国家	低收入 国家	世界平均
2013	13365.89	42368.49	8566.50	4962.14	694.70	10784.66
2014	13114.20	43033.38	8769.65	5069.14	733.07	10951.81
2015	10796.09	40444.07	8173.06	4755.36	713.82	10223.00
2016	10285.27	41079.52	8072.02	4734.13	658.71	10267.64
2017	10890.67	42714.15	8870.35	5146.50	663.09	10801.44
2018	11617.42	45192.70	9483.69	5399.04	667.37	11345.35
2019	11529.84	45406.63	9589.04	5480.25	688.28	11394.86

资料来源：世界发展指标 WDI。

根据表 4 - 9 中的数据对比可知，丝绸之路经济带沿线国家人均 GDP 的平均值基本维持在 10000 ~ 13500 美元之间，高于中高等收入国家平均水平，但远低于高收入国家平均水平。同时，丝绸之路经济带沿线国家人均 GDP 略高于世界平均水平。这反映出丝绸之路经济带整体经济发展水平较世界平均水平而言并不低，但相比高收入国家仍有很大差距。此外，从 2010 年至 2019 年，丝绸之路经济带人均 GDP 的平均值起伏不断，先是从 2010 年的 10580.70 美元上升到 2013 年的 13365.89 美元，接着又下降至 2016 年的 10285.27 美元，最后又逐渐上升到 2019 年的 11529.84 美元。这反映出丝绸之路经济带沿线国家经济发展水平存在一定的不稳定性。

同时，本书还通过人均 GNI 来对丝绸之路经济带沿线国家的国民收入情况进行分析。世界银行公布的 2019 年版全球国家收入标准为：人均 GNI 低于 1026 美元的国家，属于低收入国家；人均 GNI 在 1026 ~ 3995 美元之间的国家，属于中低等收入国家；人均 GNI 在 3996 ~ 12375 美元之间的国家，属于中高等收入国家；人均 GNI 超过

12375 美元的国家，属于高收入国家。根据此标准，丝绸之路经济带沿线国家的具体划分情况见表 4 – 10。

表 4 – 10 丝绸之路经济带沿线国家人均 GNI

国家	2010 年人均 GNI（美元）	2019 年人均 GNI（美元）	变化趋势（%）	国家	2010 年人均 GNI（美元）	2019 年人均 GNI（美元）	变化趋势（%）
中国	5622.8	10204.4	81.5	摩尔多瓦	2413.7	3617.3	49.9
蒙古国	2442.8	3812.8	56.1	伊朗	5334.8	4789.6	- 10.2
阿富汗	543.3	507.1	- 6.7	伊拉克	4089.8	4861.2	18.9
巴基斯坦	1215.8	1456.9	19.8	土耳其	8419.1	11756.5	39.6
印度	1230.9	1953.8	58.7	约旦	4608.6	4133.8	- 10.3
哈萨克斯坦	7651.8	9717.7	27.0	黎巴嫩	9030.7	6741.1	- 25.4
吉尔吉斯斯坦	904.5	1104.8	22.1	以色列	32596.4	37923.7	16.3
塔吉克斯坦	920.4	1060.0	15.2	沙特阿拉伯	18891.1	20061.8	6.2
乌兹别克斯坦	1370.0	1800.0	31.4	也门	1334.6	960.5	- 28.0
土库曼斯坦	4439.4	7612.2	71.5	阿曼	16814.8	13354.2	- 20.6
俄罗斯	10345.2	11742.9	13.5	阿联酋	32556.6	39997.9	22.9
乌克兰	2921.3	3322.1	13.7	卡塔尔	63620.0	56210.0	- 11.6
白俄罗斯	5525.2	6080.9	10.1	科威特	35518.0	31490.8	- 11.3
格鲁吉亚	3047.7	4552.9	49.4	巴林	18969.2	19997.3	5.4
阿塞拜疆	5370.0	4490.0	- 16.4	埃及	3418.2	3822.8	11.8
亚美尼亚	3106.8	4429.3	42.6				

资料来源：世界发展指标 WDI。

根据表 4 – 10 中 2019 年的数据可知，丝绸之路经济带沿线国家中，属于低收入国家的有阿富汗、也门；属于中低等收入国家的有埃及、印度、吉尔吉斯斯坦、摩尔多瓦、蒙古国、巴基斯坦、乌克兰、乌兹别克斯坦、塔吉克斯坦；属于中高等收入国家的有亚美尼亚、白俄罗斯、中国、格鲁吉亚、伊朗、伊拉克、约旦、哈萨克斯坦、土库曼斯坦、黎巴嫩、俄罗斯、土耳其、阿塞拜疆；属于高收入国家的有阿联酋、巴林、以色列、科威特、阿曼、卡塔尔、沙特阿拉伯。

在丝绸之路经济带沿线国家中，人均 GNI 最低的国家为阿富汗，2019 年其人均 GNI 为 507.1 美元。同时，人均 GNI 最高的国家为卡塔尔，2019 年其人均 GNI 为 56210.0 美元，是阿富汗同期水平的 110 多倍。由此可见丝绸之路经济带沿线各国的经济发展水平存在巨大差异。此外，通过观察可知，丝绸之路经济带中的高收入国家基本都是石油生产国（以色列除外），这些国家主要依赖丰富的石油资源禀赋提升国民收入水平和经济发展水平。

从 2010 年至 2019 年人均 GNI 的变化趋势来看，呈现上升趋势的包括中国在内的 22 个国家。其中，上升幅度最大的是中国，从 2010 年的 5622.8 美元上升到 2019 年的 10204.4 美元，上升了 81.5%；其次是土库曼斯坦，上升幅度为 71.5%。呈现下降趋势的包括阿富汗在内的 9 个国家，其中下降幅度最大的是也门，从 2010 年的 1334.8 美元下降到 2019 年的 960.5 美元，下降了 28.0%；其次是黎巴嫩，下降幅度为 25.4%。根据变化趋势来看，丝绸之路经济带沿线大部分国家的人均 GNI 都呈现上升趋势，这主要得益于整体国际经济形势的长期向好以及各国内部政治经济环境的稳定。但是也有部分国家的人均 GNI 出现下降，这主要是由于：（1）国内政治经济环境的不稳定，比如阿富汗、也门；（2）国际原油价格的下跌对大部分石油生产国的国民收入和经济发展产生了巨大影响，比如阿塞拜疆、伊朗、约旦、黎巴嫩、阿曼、卡塔尔等国。其他石油生产国在 2019 年的人均 GNI 虽然相比 2010 年呈现上升趋势，但是与过去 10 年中人均 GNI 的最高值相比都出现了不同程度的下降，比如沙特阿拉伯人均 GNI 的最高值为 2015 年的 21172.7 美元，巴林人均 GNI 的最高值为 2014 年的

21450.7 美元，伊拉克人均 GNI 的最高值为 2016 年的 5138.6 美元，这三个国家人均 GNI 的最高值相比 2019 年都是下降的。

第四节　丝绸之路经济带的贸易发展

一、丝绸之路经济带沿线国家进出口贸易发展现状及趋势

由于本书涉及丝绸之路经济带区域经济一体化的研究，因此，笔者还对丝绸之路经济带沿线国家的进出口贸易情况进行了分析。具体数据见表 4 – 11。

表 4 – 11　　　　丝绸之路经济带沿线国家进出口贸易数据

国家	进口贸易			出口贸易		
	2010 年 （亿美元）	2019 年 （亿美元）	变化幅度 （%）	2010 年 （亿美元）	2019 年 （亿美元）	变化幅度 （%）
中国	14324.2	24762.9	72.9	16548.2	26412.7	59.6
蒙古国	40.7	92.5	127.1	33.6	84.1	150.7
巴基斯坦	342.9	565.3	64.9	239.5	281.5	17.6
印度	4499.7	6015.8	33.7	3753.5	5290.2	40.9
哈萨克斯坦	442.6	516.3	16.7	655.0	662.0	1.1
吉尔吉斯斯坦	39.2	56.9	45.3	24.7	31.3	26.5
塔吉克斯坦	33.0	34.1	3.2	8.4	12.4	47.5
乌兹别克斯坦	92.2	242.4	163.0	130.3	174.7	34.1
俄罗斯	3223.7	3528.1	9.4	4455.1	4815.4	8.1
乌克兰	694.8	757.5	9.0	640.0	634.2	– 0.9

续表

国家	进口贸易			出口贸易		
	2010 年（亿美元）	2019 年（亿美元）	变化幅度（%）	2010 年（亿美元）	2019 年（亿美元）	变化幅度（%）
白俄罗斯	369.3	423.5	14.7	294.0	419.3	42.6
格鲁吉亚	61.1	111.5	82.3	40.3	95.8	137.5
阿塞拜疆	109.4	177.1	61.9	287.3	236.3	-17.8
亚美尼亚	41.6	74.6	79.4	18.3	56.3	208.0
摩尔多瓦	41.9	67.0	59.8	19.4	37.6	93.7
伊朗	943.0	798.1	-15.4	1187.8	652.5	-45.1
伊拉克	472.1	722.8	53.1	546.0	889.0	62.8
土耳其	1981.4	2279.8	15.1	1646.8	2493.0	51.4
约旦	182.4	219.6	20.4	127.5	161.7	26.8
黎巴嫩	230.9	315.5	36.6	134.6	183.8	36.5
以色列	769.5	1087.2	41.3	813.5	1174.4	44.4
沙特阿拉伯	1742.0	2189.4	25.7	2618.3	2858.6	9.2
阿曼	192.4	287.8	49.6	334.1	399.2	19.5
阿联酋	1786.1	2884.0	61.5	2383.3	3893.7	63.4
卡塔尔	297.2	667.7	124.7	779.8	920.5	18.0
科威特	350.3	611.4	74.5	769.5	725.8	-5.7
巴林	131.0	252.1	92.5	178.8	295.6	65.3
埃及	582.2	780.1	34.0	467.5	530.4	13.5

注：数据来源于世界发展指标 WDI，其中阿富汗、土库曼斯坦、也门的数据缺失。

根据表 4-11 可知，2019 年进口贸易额最大的国家是中国，进口贸易额为 24762.9 亿美元，其次是印度（6015.8 亿美元）、俄罗斯（3528.1 亿美元）；进口贸易额最小的国家为塔吉克斯坦，其进口贸易额为 34.1 亿美元，其次为吉尔吉斯斯坦（56.9 亿美元）、摩尔多瓦（67.0 亿美元）。从 2010 年至 2019 年，进口贸易额变化幅度的平均值为 52.0%。进口贸易额变化幅度最大的国家是乌兹别克斯坦，其变化幅度为 163.0%，其次是蒙古国（127.1%）、卡塔尔（124.7%）；进口贸易额变化幅度最小的国家是伊朗，其变化幅度为 -15.4%，其次是塔吉克斯坦（3.2%）、乌克兰（9.0%）。

2019 年出口贸易额最大的国家是中国，出口贸易额为 26412.7 亿美元，其次是印度（5290.2 亿美元）、俄罗斯（4815.4 亿美元）；出口贸易额最小的国家是塔吉克斯坦，其出口贸易额为 12.4 亿美元，其次是吉尔吉斯斯坦（31.3 亿美元）、摩尔多瓦（37.6 亿美元）。从 2010 年至 2019 年，出口贸易额变化幅度的平均值为 43.2%，低于进口贸易额变化幅度的平均值。出口贸易额增长幅度最大的国家是亚美尼亚，其增长幅度为 208.0%，其次是蒙古国（150.7%）、格鲁吉亚（137.5%）；出口贸易额下降幅度最大的国家是伊朗，其变化幅度为 -45.1%，其次是阿塞拜疆（-17.8%）、科威特（-5.7%）。

2019 年呈现贸易顺差的包括中国在内的 13 个国家，贸易顺差总额为 5809.6 亿美元；呈现贸易逆差的国家包括印度在内的 15 个国家，贸易逆差总额为 1908.6 亿美元。其中，贸易顺差额最大的国家是中国，其贸易顺差额为 1649.8 亿美元，其次是俄罗斯（1287.3 亿美元）、阿联酋（1009.7 亿美元）。贸易逆差额最大的国家是印度，其贸易逆差额为 725.6 亿美元，其次是巴基斯坦（283.8 亿美元）、埃及（249.7 亿美元）。从 2010 年至 2019 年，贸易差额（出口额减进口额）增幅最大的国家是土耳其，其贸易差额增加 547.8 亿美元，其次是阿联酋（412.5 亿美元）、伊拉克（92.3 亿美元）；贸易差额（出口额减进口额）降幅最大的国家是中国，其贸易差额减少 574.2 亿美元，其次是伊朗（390.4 亿美元）、科威特（304.8 亿美元）。

二、中国与丝绸之路经济带沿线国家的贸易关系

本书利用贸易结合度指数对中国与丝绸之路经济带沿线国家的贸易关系进行了量化测算。贸易结合度指数（trade intensity index，TII）是由经济学家布朗（Brown，1947）[①] 提出，并经小岛清（Kiyoshi kojima，1958）[②] 等完善，主要反映的是进行贸易往来的两个国家之间的贸易联系紧密程度。其公式如下：

$$TII_{ij} = \frac{X_{ij}/X_i}{M_j/M_w} \qquad (4-1)$$

其中，TII_{ij} 表示 i 国对 j 国的贸易结合度；X_{ij} 表示 i 国对 j 国的出口额；X_i 表示 i 国出口总额；M_j 表示 j 国的进口总额；M_w 表示世界进口总额。（X_{ij}/X_i）是 i 国对 j 国的出口占 i 国出口总额的比重，反映的是国家 i 的出口能力。（M_j/M_w）代表 j 国进口总额占世界进口总额的比重，代表的是国家 j 的进口能力。当 $TII_{ij} > 1$ 时，表示 i、j 两国的贸易联系较为紧密；当 $TII_{ij} < 1$ 时，表示 i、j 两国的贸易联系较为松散。基于此指数，选取了 2019 年中国与丝绸之路经济带沿线国家的相关贸易数据进行计算，计算结果如表 4-12 所示。

表 4-12　　中国与丝绸之路经济带沿线国家贸易结合度指数

国家	*TII*	国家	*TII*
蒙古国	2.21	摩尔多瓦	0.16
阿富汗	0.51	伊朗	2.76

① A. J. Brown. Applied Economics：Aspects of the World Economy in War and Peace ［M］. London：G. Allen & Unwin，1947.

② Kiyoshi Kojima. Japanese Foreign Trade and Economic Growth：With Special Reference to the Terms of Trade ［J］. The Annals of the Hitotsubashi Academy，1958，8（2）：143-168.

续表

国家	*TII*	国家	*TII*
巴基斯坦	3.12	伊拉克	2.98
印度	1.20	土耳其	0.68
哈萨克斯坦	2.3	约旦	1.33
吉尔吉斯斯坦	1.17	黎巴嫩	0.92
塔吉克斯坦	5.23	以色列	0.99
乌兹别克斯坦	1.13	沙特阿拉伯	1.13
土库曼斯坦	0.19	也门	2.04
俄罗斯	1.51	阿曼	0.78
乌克兰	0.81	阿联酋	2.83
白俄罗斯	0.33	卡塔尔	0.37
格鲁吉亚	0.85	科威特	0.87
阿塞拜疆	0.30	巴林	0.45
亚美尼亚	0.30	埃及	1.59

资料来源：联合国贸易数据库（UN Comtrade）。

根据表 4 - 12 中的数据，整体来说，中国与丝绸之路经济带沿线国家贸易结合度指数的平均值约为 1.368 > 1，反映出中国与丝绸之路经济带沿线国家整体的贸易联系较为紧密。从丝绸之路经济带沿线国家国别差异来看，与中国贸易联系较为紧密的国家（即 $TII_{ij} > 1$）包括：蒙古国、巴基斯坦、印度、哈萨克斯坦、吉尔吉斯斯坦、塔吉克斯坦、乌兹别克斯坦、俄罗斯、伊朗、伊拉克、约旦、沙特阿拉伯、也门、阿联酋、埃及等，其中塔吉克斯坦与中国的贸易联系最为紧密，贸易结合度高达 5.23；而与中国贸易联系较为松散的国家（即 $TII_{ij} < 1$）包括：阿富汗、土库曼斯坦、乌克兰、白俄罗斯、格鲁吉亚、阿塞拜疆、亚美尼亚、摩尔多瓦、土耳其、黎巴嫩、以色列、阿曼、卡塔尔、科威特、巴林等，其中，摩尔多瓦与中国的贸易联系

最为松散，贸易结合度仅有 0.16。

第五节　本章小结

　　本章主要对丝绸之路经济带沿线国家交通基础设施、产业与经济的发展情况进行了分析。关于交通基础设施的发展，本章首先通过世界经济论坛发布的《2019 年全球竞争力报告》对丝绸之路经济带沿线国家交通基础设施的竞争力进行了分析，发现无论是交通基础设施整体的竞争力指数，还是公路或铁路的竞争力指数，丝绸之路经济带沿线的大部分国家的评价值和排名均较为落后，由此可见，交通基础设施是丝绸之路经济带建设中存在的一大短板。

　　关于产业的发展情况，本章首先结合实际情况和相应数据，对丝绸之路经济带的三次产业构成情况进行了介绍，其次通过参考其他资料对丝绸之路经济带沿线各个国家的优势产业进行了分析，最后利用区位熵分别对丝绸之路经济带 2010～2019 年三次产业集聚度的发展趋势以及 2019 年细分产业的集聚度进行了测算。其中，细分产业包括农林牧渔业，采矿业，制造业，建筑业，批发零售业和住宿餐饮业，交通、仓储和邮政业以及其他产业（包括金融业、房地产业、租赁和商务服务业、科学研究和技术服务业、教育等）。

　　关于经济的发展，本章主要结合了全球竞争力指数和人均 GDP、人均 GNI、进出口贸易的数据来进行分析。在全球竞争力指数方面，以色列、阿联酋、中国和卡塔尔排名全球前 30 名，具备较强的竞争力；但是丝绸之路经济带沿线大部分国家的全球竞争力排名均比较落后，竞争力较弱。在人均 GDP 方面，丝绸之路经济带沿线国家人均 GDP 的平均值基本维持在 10000～13500 美元之间，整体经济发展水平较世界平均水平而言并不低，但相比高收入国家仍有很大差距，同时又存在一定的不稳定性。在人均 GNI 方面，丝绸之路经济带沿线各国的人均国民收入水平存在巨大差异，人均 GNI 最高的卡塔尔与最低的阿富汗相差约 110 余倍。在发展趋势上，得益于整体国际经济形势的长期向好以及各国内部政治经济环境的稳定，大部分国家的人均 GNI 都呈现上升趋势，但也由于国内政治经济环境的不稳定以及国际原油价格的下跌，部分国家的国民收入水平出现了下降的趋势。

关于进出口贸易的发展，本章首先从丝绸之路经济带沿线国家 2010 年和 2019 年的进出口贸易额及变化趋势进行分析，发现进口贸易额和出口贸易额均呈现增长的趋势。在贸易差额方面，丝绸之路经济带呈现贸易顺差的包括中国在内的 13 个国家，贸易顺差总额为 5809.6 亿美元；呈现贸易逆差的包括印度在内的 15 个国家，贸易逆差总额为 1908.6 亿美元。其次利用贸易结合度指数对中国与丝绸之路经济带沿线国家的贸易关系进行了量化测算，结果显示贸易结合度指数的平均值约为 1.368，反映出中国与丝绸之路经济带沿线国家整体的贸易联系较为紧密。

第五章 丝绸之路经济带交通基础设施空间溢出效应研究

交通基础设施由于网络性和外部性的特征，会对周边其他地区产生溢出效应，从而带动周边其他地区的经济增长。基于此影响路径，本章选取丝绸之路经济带为研究区域，基于空间计量模型，通过构建不同空间权重矩阵测度丝绸之路经济带交通基础设施的空间经济溢出效应。

第一节 研究区域与数据来源

一、研究区域

丝绸之路经济带沿线国家目前尚未形成统一的范围界定。本书参考曹小曙等（2015）的研究成果，并结合本书研究的实际情况对其研究成果进行一定的修正，将丝绸之路经济带国家划分为三大区域：西亚—北非区域，包括伊朗、伊拉克、土耳其、约旦、黎巴嫩、以色列、沙特阿拉伯、也门、阿曼、阿联酋、卡塔尔、科威特、巴林和埃及等国家；独联体区域，包括俄罗斯、乌克兰、白俄罗斯、格鲁吉亚、阿塞拜疆、亚美尼亚、摩尔多瓦等国家；中亚—南亚—东亚区域，包括中国、蒙古国、阿富汗、巴基斯坦、印度、哈萨克斯坦、吉尔吉斯斯坦、塔吉克斯坦、乌兹别克斯坦和土库曼斯坦等国家。根据世界银行的世界发展指标（WDI）数据显示丝绸之路经济带总面积约4504.31 万平方公里，占全世界的33.53%；截至 2019 年该区域总人口约 37.32 亿，占全世界的 48.64%；2019 年 GDP 约 23.46 万亿美元，占全世界的 26.83%。可以看出，丝绸之路经济带在全球经济中占据着非常重要的份额。

二、数据来源

本书研究所使用的数据包括各国社会经济数据。其中，因变量经济产出通过人均 GDP 衡量；自变量主要涉及交通基础设施投入、劳动力投入、资本投入，具体包括：交通网总里程（包括公路和铁路）占土地面积比重、劳动力总数占土地面积比重、资本形成总额占GDP 比重；相关控制变量主要包括城市化、对外投资、产业集聚，城市化用非农人口占总人口比重来衡量，对外投资用 FDI 占 GDP 比重来衡量，产业集聚用区位熵的计算结果来衡量。国内数据主要来源于《中国统计年鉴》和《中国交通年鉴》，国外数据来源于世界银行数据库、联合国贸易商品统计数据库、《国际统计年鉴》《世界公路统计》《世界知识年鉴》以及《对外投资合作国别（地区）指南》等。研究区域为丝绸之路经济带包含中国在内的 31 个国家，时间范围为 2010～2019 年。

第二节　研究方法

一、模型设定

国内外关于交通基础设施的影响研究方面，多数学者采用柯布—道格拉斯（C－D）生产函数作为研究的基本模型。C－D 生产函数是美国数学家柯布和经济学家道格拉斯在研究 1899～1922 年美国劳动力和资本投入对生产的影响时提出的，其可以表示为：

$$Y = AK^{\alpha}L^{\beta} \tag{5-1}$$

其中，Y 表示总产出；K、L 分别表示投入的资本量和劳动力；α、β 分别表示资本和劳动力的产出弹性系数；A 表示技术生产效率，是一个常数项。将交通基础设施作为一个投入要素纳入生产函数中，得到新的函数模型，公式如下：

$$Y = AK^{\alpha}L^{\beta}T^{\gamma} \tag{5-2}$$

其中，T 表示交通基础设施要素；γ 表示交通的产出弹性系数。对公式（5-2）两边取自然对数，得到如下关系式：

$$\ln Y = \ln A + \alpha \ln K + \beta \ln L + \gamma \ln T \tag{5-3}$$

由于丝绸之路经济带横跨多个国家，并且各国数据差异性较大，为了增强数据可靠性与模型拟合的精确性，本书中各个变量均采用比值化处理。Y 为人均 GDP，反映区域经济发展水平；K 为资本形成总额占 GDP 比重，反映投资水平；L 为劳动力总数占土地面积比重，反映劳动力规模；T 为交通网总里程（包括公路和铁路）占土地面积比重，反映交通网密度。针对丝绸之路经济带交通基础设施空间溢出效应的研究，本书采用空间杜宾模型（SDM）建模，一方面，这种模型考虑到因变量中嵌套了空间依赖，自变量和误差项的参数估计不会受到遗漏变量空间依赖程度的影响；另一方面，空间杜宾模型（SDM）不仅能反映某一区域交通基础设施变化对该区域经济发展的直接影响，同时也能测度该区域交通基础设施变化对其他区域经济发展的间接影响，也就是所谓的溢出效应。空间杜宾模型一般公式如下：

$$y = \rho Wy + X\beta + \theta WX + \varepsilon \qquad (5-4)$$

其中，ρ 为空间自相关系数；W 为空间权重矩阵；X 为解释变量；WX 为解释变量滞后项；β 为解释变量的回归系数；ε 是与时空均无关的随机扰动项。将式（5-3）和式（5-4）结合，得到空间溢出模型如下：

$$\ln Y_{it} = \rho \sum_{j=1}^{n} w_{ij} \ln Y_{jt} + \beta_0 + \beta_1 \ln K_{it} + \beta_2 \ln L_{it} + \beta_3 \ln T_{it} + \beta_4 \ln C_{it} + \beta_5 \ln F_{it} +$$

$$\beta_6 Q + \theta_1 \sum_{j=1}^{n} w_{ij} \ln K_{jt} + \theta_2 \sum_{j=1}^{n} w_{ij} \ln L_{jt} + \theta_3 \sum_{j=1}^{n} w_{ij} \ln T_{jt} + \varepsilon_{it}$$

$$(5-5)$$

其中，i 和 t 分别表示国家和年份；j 表示其余国家（$j \neq i$）；C 表示控制变量城市化程度；F 表示 FDI 占 GDP 的比重；Q 为区位熵，表示产业集聚度。

关于直接效应和间接效应的计算，本章参考了马卫等（2018）的研究。[①] 为了更好地评估溢出效应，通过使用偏微分方法，将总的边际效应分解为直接效应和间接效应。其中，直接效应表示某个地区交通基础设施发生变化时对自身经济的直接影响，间接效应表示该地区交通基础设施变化对其余地区经济的溢出影响。

将式（5-4）改为向量形式，得到：

---

① 马卫，曹小曙，黄晓燕，刚毅. 丝绸之路沿线交通基础设施空间经济溢出效应测度 [J]. 经济地理，2018（3）：21-29.

$$Y_t = (I - \rho W)^{-1}(\beta X_t + W X_t \theta) + (I - \rho W)^{-1}\varepsilon \qquad (5-6)$$

其中，I 表示单位矩阵。对第 k 个解释变量 X_k 求一次偏导，式（5-6）可以得到 $N \times N$ 维矩阵表示的边际效应：

$$\frac{\partial Y}{\partial X_k} = (I - \rho W)^{-1}(\beta_k I + W\theta_k) \qquad (5-7)$$

其中，β_k、θ_k 分别表示第 k 个解释变量 X_k 及其滞后项的系数估计值，所得到的 $N \times N$ 维矩阵可以表示某一地区第 k 个解释变量变动一单位，对所有地区被解释变量的影响程度。其中，直接效应即为 $N \times N$ 维矩阵对角线元素之和除以 N，而间接效应（溢出效应）为矩阵非对角线元素之和除以 N。同时，基于式（5-4）的 $N \times N$ 维矩阵，还可以计算出既定地区某一变量变动一单位，对其他地区被解释变量的影响程度。本书着重探讨交通基础设施的溢出效应，例如第 1 个地区（$i=1$）交通基础设施变动 1% 时，其边际效应可表示为：

$$\frac{\partial Y}{\partial T_{i=1}} = (I - \rho W)^{-1}(i'_1 \beta_T + W_{i1}\theta_T) \qquad (5-8)$$

其中，$i'_1 = [1, 0, \cdots, 0]_N$；$\beta_T$、$\theta_T$ 分别表示都是式（5-5）中的估计系数。令 A_{ij} 为 $(I - \rho W)^{-1}$ 的第 i 行第 j 列的元素，式（5-8）可简化为：

$$\frac{\partial Y}{\partial T_{i=1}} = \begin{bmatrix} A_{11}\beta_T + \sum_{k=1}^{N} A_{1k} W_{k1} \theta_T \\ \sum_{k=1}^{N} A_{2k} W_{k1} \theta_T \\ \vdots \\ \sum_{k=1}^{N} A_{Nk} W_{k1} \theta_T \end{bmatrix} \qquad (5-9)$$

其中，第一元素表示第 1 个地区交通基础设施发生变化时对地区经济的直接影响；其余元素之和为第 1 个地区交通基础设施发生变化时对其余地区经济的溢出影响。

二、空间权重矩阵构建

空间权重矩阵是进行空间自相关分析的前提和基础，合理正确的构建对于空间模型的检验、空间计量分析至关重要。目前，还未存在统一的空间权重矩阵，但绝大多数是基于相邻关系构建的（区域之间有共同边界，$w_{ij}=1$，否则为 0），然而相邻权重是主要集中在一国范围下讨论的。丝绸之路经济带横跨多个国家，简单的相邻权重不足以反映国家间相互联系的实际。因此，本书构建了三种权重，来更详细地反映丝绸之路经济带交通基础设施的溢出效应：第一种是二进制的相邻权重矩阵（W_1）；第二种是基于地理距离的权重矩阵（W_2），基于国家首都之间的距离，随着距离增加会出现衰变，具体可见式（5-10）；第三种是在地理距离的基础上，将国家间的经济因素考虑进来，以构建经济空间权重（W_3）。本书将出口作为主要考虑的经济因素来建立经济空间权重矩阵，具体可见式（5-11）。

$$W_{ij} = \begin{cases} 0, & i=j \\ \dfrac{1}{D_{ij}^{\alpha}}, & i \neq j \end{cases} \qquad (5-10)$$

其中，D_{ij} 表示 i 国和 j 国首都之间的距离；σ 为距离衰变系数，在这里 σ 取值为 2，可以较好地反映距离衰变。

$$W_{ij} = \begin{cases} 0, & i=j \\ \dfrac{Export_{ij}}{D_{ij}^{\alpha}}, & i \neq j \end{cases} \qquad (5-11)$$

其中，$Export_{ij}$ 表示从 i 国向 j 国的出口额。

第三节　实证分析

一、空间自相关检验

利用 Stata 软件分别计算出相邻权重（W_1）、地理距离权重（W_2）、经济空间权重（W_3）下 2007～2016 年丝绸之路经济带人均 GDP 的全局 Moran's I 指数，并采用 P 值检验其显著性，见表 5 - 1。

表 5 - 1　　　丝绸之路经济带人均 GDP 全局 Moran's I 指数

年份	相邻权重矩阵		地理距离权重矩阵		经济空间权重矩阵	
	Moran's I	P	Moran's I	P	Moran's I	P
2007	0.193	0.000	0.396	0.000	0.543	0.000
2008	0.198	0.000	0.367	0.000	0.510	0.000
2009	0.189	0.000	0.385	0.000	0.506	0.000
2010	0.187	0.000	0.374	0.000	0.493	0.000
2011	0.203	0.000	0.346	0.000	0.467	0.000
2012	0.214	0.000	0.357	0.000	0.477	0.000
2013	0.207	0.000	0.353	0.000	0.472	0.000
2014	0.198	0.000	0.363	0.000	0.486	0.000
2015	0.211	0.000	0.395	0.000	0.523	0.000
2016	0.206	0.000	0.398	0.000	0.526	0.000

由表 5 - 1 可知，三种矩阵下 2007～2016 年全局 Moran's I 指数均为正，且 P 值均通过显著性检验，这表明丝绸之路经济带沿线各国人

均 GDP 在空间分布上并非表现出随机分布的状态，人均 GDP 较高（低）国家倾向于与其他较高（低）国家在空间上集聚。对比三种权重的全局 Moran's I 指数的数值，整体来看基本满足：$W_1 < W_2 < W_3$，且 W_1、W_2、W_3 均通过 1% 的显著性检验，这表明丝绸之路经济带沿线国家的人均 GDP 存在空间自相关，即丝绸之路经济带的经济发展在空间上呈现出集聚的趋势。在三种矩阵中，每一种权重矩阵下 Moran's I 值的变化都较为稳定，这也反映了丝绸之路经济带沿线国家的经济发展较为稳定。

总体来说，丝绸之路经济带沿线国家的交通基础设施与经济增长之间的空间效应是客观存在的，即存在着明显的空间集聚现象。因此，在实证过程中考虑交通基础设施与经济增长的空间相关性是有必要的。

同时，基于丝绸之路经济带沿线国家的人均 GDP 数据，运用局部自相关进一步考察三种权重下各国的空间集聚模式。其中，属性水平"高"表示人均 GDP 超过 1.5 万美元，属性水平"低"表示人均 GDP 低于 1.5 万美元。三种权重下 2010 年和 2019 年各国集聚类型如下：

在相邻权重矩阵、地理距离权重矩阵和经济距离权重矩阵下，2010 年，属于"第一象限（高—高）"的国家包括卡塔尔、阿联酋、科威特、沙特阿拉伯、阿曼、巴林；属于"第二象限（低—高）"的国家包括黎巴嫩、也门、伊拉克、约旦和埃及；属于"第三象限（低—低）"的国家包括中国、蒙古国、阿富汗、巴基斯坦、印度、哈萨克斯坦、吉尔吉斯斯坦、塔吉克斯坦、乌兹别克斯坦、土库曼斯坦、俄罗斯、乌克兰、白俄罗斯、格鲁吉亚、阿塞拜疆、亚美尼亚、摩尔多瓦、伊朗和土耳其；属于"第四象限（高—低）"的国家包括以色列。相比 2010 年，在 2019 年各个国家在三种权重矩阵下空间集聚情况并未发生变化。

关于第一象限（高—高），处于该象限的国家，其自身和周边地区的属性水平均较高。在三种矩阵下，卡塔尔、阿联酋、科威特、沙特阿拉伯、阿曼、巴林基本都处于第一象限。通过数据取证发现，这六个国家2019年的人均GDP均处于15000美元以上，在丝绸之路经济带区域内属于高收入国家，且这六个国家大部分也都处于两两相邻，比如阿联酋的周边国家包括卡塔尔、沙特阿拉伯和阿曼；阿曼的周边国家包括阿联酋和沙特阿拉伯；巴林的周边国家包括卡塔尔和沙特阿拉伯。

关于第二象限（低—高），处于该象限的国家，其自身属性水平较低，而周边国家属性水平较高。在三种矩阵下，黎巴嫩、也门、约旦、伊朗、伊拉克和埃及处于第二象限，在经济距离矩阵下，印度、也门、约旦、埃及处于该象限。通过数据取证发现，这几个国家的人均GDP在丝绸之路经济带整个区域内均较低，但其周边的部分国家经济发展水平较高，比如埃及人均GDP较低，但其周边的以色列人均GDP较高；也门人均GDP较低，但其周边的沙特阿拉伯和阿曼人均GDP较高。

关于第三象限（低—低），处于该象限的国家，其自身和周边地区的属性水平均较低。在三种矩阵下，中国、蒙古国、印度、阿富汗、巴基斯坦、哈萨克斯坦、吉尔吉斯斯坦、塔吉克斯坦、乌兹别克斯坦、土库曼斯坦、俄罗斯、乌克兰、白俄罗斯、格鲁吉亚、阿塞拜疆、亚美尼亚、摩尔多瓦、伊朗和土耳其均处于该象限。这些国家的人均GDP均低于15000美元，且其各自的周边国家中大部分人均GDP也未达到15000美元。

关于第四象限（高—低），处于该象限的国家，其自身属性水平较高，但是其周边国家的属性水平较低。在三种矩阵下，处于该象限的国家仅有以色列。通过数据取证发现，以色列的人均GDP在2019年达到了43588.71美元，而其周边的埃及、约旦和黎巴嫩的人均

GDP 分别为 3019.09 美元、4405.49 美元和 7583.70 美元。

二、整体层面的溢出效应

根据上文的分析可知，丝绸之路经济带沿线各国人均 GDP 存在显著的空间集聚效应，由于传统的计量模型未考虑到空间效应，可能导致模型结果有偏差，因此，本书选择空间杜宾模型来进行实证分析，具体实证结果如表 5 - 2 所示。

表 5 - 2　　　　　　　　整体层面的估计结果

变量	W_1	W_2	W_3
$\ln L$	-0.08617 (-1.89)*	-0.0314 (-0.72)	-0.0493 (-1.31)
$\ln K$	0.3012 (1.71)*	0.4529 (2.77)***	0.2475 (1.39)
$\ln T$	0.2893 (2.84)***	0.1736 (1.89)*	0.1789 (1.97)**
$\ln C$	1.7914 (2.46)**	1.3965 (2.18)**	2.3127 (3.17)***
$\ln F$	-0.2103 (-1.02)	-0.1634 (-0.97)	0.0918 (0.65)
Q	1.0513 (5.17)***	0.9561 (6.12)***	0.7801 (3.51)***
ρ	0.5981 (12.39)***	0.6981 (14.29)***	0.6015 (10.93)***
$W\ln L$	0.1876 (1.69)*	-0.0087 (-1.19)	0.0321 (0.47)
$W\ln K$	-0.5719 (-1.83)*	-0.3527 (-0.49)	-0.5013 (-1.77)*

续表

变量	W_1	W_2	W_3
$W\ln T$	0.3713 (1.97)**	0.2718 (2.18)**	0.07911 (1.81)*
$W\ln C$	-0.8197 (-0.69)	3.6585 (2.91)***	1.0213 (2.03)**
$W\ln F$	0.7124 (1.04)	-0.4713 (-1.79)*	-1.5124 (-2.31)**
WQ	0.7311 (2.03)**	0.2416 (1.83)*	0.3216 (1.81)*
R^2	0.3716	0.4619	0.4589
Log likelihood	191.2316	200.5168	194.1724

注：括号中数值为检验值 t 值。***、**、* 分别表示在 1%、5%、10% 的水平下显著。下表同。

由表 5 - 2 的估计结果来看，三种矩阵下 ρ 的值均显著为正，这意味着丝绸之路经济带的经济发展存在着显著的空间溢出效应，即本国经济的发展会对周边国家产生影响，同时，周边国家的经济发展也会对本国产生影响。在解释变量中，$\ln L$ 的回归系数在 W_1 下显著为负，在 W_2、W_3 中也为负但均未通过显著性检验；$\ln K$ 的回归系数在 W_1、W_2 中显著为正，在 W_3 中为正但未通过显著性检验；$\ln T$ 的回归系数在 W_1、W_2、W_3 中均显著为正；$\ln C$ 的回归系数在 W_1、W_2、W_3 中均显著为正；$\ln F$ 的回归系数在 W_1、W_2、W_3 中为负但均未通过显著性检验；Q 的回归系数在 W_1、W_2、W_3 中均显著为正。在解释变量的空间滞后项中，$W\ln L$ 的回归系数在 W_1 中显著为正，在 W_2、W_3 中为负但均未通过显著性检验；$W\ln K$ 的回归系数在 W_1、W_3 中均显著为负，在 W_2 中为负但未通过显著性检验；$W\ln T$ 的回归系数在 W_1、W_2、W_3 中均显著为正；$W\ln C$ 的回归系数在 W_2、W_3 中均显著为正，

在 W_1 中为负但未通过显著性检验；$W\ln F$ 的回归系数在 W_2、W_3 中均显著为负，在 W_1 中为正但未通过显著性检验；WQ 的回归系数在 W_1、W_2、W_3 中均显著为正。

为了更精确反映交通基础设施对经济发展的影响，本书通过求偏微分法将各个变量的效应分解为直接效应、间接效应和总效应，具体可见表5–3。

表5–3　　　　　　　　　　整体层面的效应分解

效应分解	W_1	W_2	W_3
$\ln L$ 直接效应	-0.0716 (-1.73)*	-0.0413 (-1.89)*	-0.0591 (-2.03)**
$\ln L$ 间接效应	0.3129 (1.45)	-0.0856 (-0.61)	0.0003 (0.01)
$\ln L$ 总效应	0.2413 (1.16)	-0.1269 (-0.83)	-0.0518 (-0.32)
$\ln K$ 直接效应	0.2318 (2.12)**	0.4312 (2.98)***	0.1615 (1.83)*
$\ln K$ 间接效应	-0.9128 (-1.27)	-0.0414 (-0.12)	-0.7312 (-1.35)
$\ln K$ 总效应	-0.6810 (-0.91)	0.3898 (0.71)	-0.5697 (-0.81)
$\ln T$ 直接效应	0.4513 (3.51)***	0.3243 (1.81)*	0.2413 (2.31)**
$\ln T$ 间接效应	2.1267 (2.86)**	1.3941 (1.73)*	1.3817 (1.91)*
$\ln T$ 总效应	2.5780 (3.27)***	1.7184 (2.16)**	1.6230 (2.01)**
$\ln C$ 直接效应	1.7983 (2.18)**	1.5986 (2.97)***	1.5208 (3.21)***

续表

效应分解	W_1	W_2	W_3
$\ln C$ 间接效应	0.3414 (1.81)*	1.8952 (2.88)***	1.2312 (1.92)*
$\ln C$ 总效应	2.1397 (1.87)*	3.4938 (3.07)***	2.7520 (2.39)**
$\ln F$ 直接效应	-0.0921 (-0.43)	-0.3127 (-1.35)	-0.2113 (-0.91)
$\ln F$ 间接效应	1.2138 (0.97)	-1.7918 (-1.36)	-2.8971 (-2.46)**
$\ln F$ 总效应	1.1217 (0.81)	-2.1045 (-1.72)	-3.1084 (-2.75)**
Q 直接效应	1.1023 (3.89)***	1.1872 (4.78)***	0.9315 (4.79)***
Q 间接效应	0.1312 (0.23)	2.7892 (4.14)***	1.5211 (2.13)**
Q 总效应	1.2335 (1.98)**	3.9764 (5.12)***	2.4526 (3.11)***

直接效应方面，$\ln L$ 的回归系数在 W_1、W_2、W_3 中均显著为负，表明劳动力规模对本国经济具有显著的负向影响；$\ln K$ 的回归系数在 W_1、W_2、W_3 中均显著为正，表明资本形成额对本国经济具有显著的正向影响；$\ln T$ 的回归系数在 W_1、W_2、W_3 中均显著为正，表明交通基础设施密度对本国经济具有显著的正向影响；$\ln C$ 的回归系数在 W_1、W_2、W_3 中均显著为正，表明城镇化程度对本国经济具有显著的正向影响；$\ln F$ 的回归系数在 W_1、W_2、W_3 中为正但均未通过显著性检验，表明对外直接投资对本国经济具有正向影响，但是影响作用不明显；Q 的回归系数在 W_1、W_2、W_3 中均显著为正，表明产业集聚程度对本国经济具有显著的正向影响。

间接效应方面，$\ln L$ 的回归系数在 W_1、W_3 中为正，在 W_2 中为负，但在三种矩阵下均未通过显著性检验，表明在三种矩阵下劳动力规模对周边国家经济的影响作用都不明显；$\ln K$ 的回归系数在 W_1、W_2、W_3 中为负但均未通过显著性检验，同样表明在三种矩阵下资本形成额对周边国家经济的影响作用不明显；$\ln T$ 的回归系数在 W_1、W_2、W_3 中均显著为正，表明在三种矩阵下交通基础设施密度对周边国家经济都具有显著的正向影响；$\ln C$ 的回归系数在 W_1、W_2、W_3 中均显著为正，表明在三种矩阵下城镇化程度对周边国家经济都具有显著的正向影响；$\ln F$ 的回归系数在 W_1 中为正但未通过显著性检验，在 W_2 中为负也未通过显著性检验，在 W_3 中显著为负，表明在相邻权重矩阵和地理距离权重矩阵下，对外直接投资对周边国家经济的影响作用不明显，但是在经济空间权重矩阵下，对外直接投资对周边国家经济具有显著的负向影响；Q 的回归系数在 W_1 中为正但未通过显著性检验，在 W_2、W_3 中均显著为正，表明在相邻权重矩阵下产业集聚程度对周边国家经济的影响作用不明显，在地理距离权重矩阵和经济空间权重矩阵下产业集聚程度对周边国家经济具有显著的正向影响。

总效应方面，$\ln L$ 的回归系数在 W_1 中为正，在 W_2、W_3 中为负，但在三种矩阵下均未通过显著性检验，表明在三种矩阵下劳动力规模对本国及周边国家经济总的影响作用都不明显；$\ln K$ 的回归系数在 W_1、W_3 中为负，在 W_2 中为正，但在 W_1、W_2、W_3 中均未通过显著性检验，表明在三种矩阵下资本形成额对本国及周边国家经济总的影响作用都不明显；$\ln T$ 的回归系数在 W_1、W_2、W_3 中均显著为正，表明在三种矩阵下交通基础设施密度对本国及周边国家经济总的影响显著为正；$\ln C$ 的回归系数在 W_1、W_2、W_3 中均显著为正，表明城镇化程度对本国及周边国家经济总的影响显著为正；$\ln F$ 的回归系数在 W_1 中为正但未通过显著性检验，在 W_2 中为负但未通过显著性检验，

在 W_3 中显著为负，表明在相邻权重矩阵和地理距离权重矩阵下对外直接投资对本国及周边国家经济总的影响作用不明显，在经济空间权重矩阵下对外直接投资对本国及周边国家经济总的影响显著为负；Q 的回归系数在 W_1、W_2、W_3 中均显著为正，表明产业集聚程度对本国及周边国家经济总的影响显著为正。

在三种矩阵下，反映交通基础设施的解释变量 $\ln T$，在直接效应、间接效应和总效应中，都是显著为正的。这表明无论在什么矩阵下，改善交通基础设施对于本国及周边国家的经济都具有正向的促进作用。对比 $\ln T$ 的系数可知，在相邻权重矩阵 W_1 中，间接效应约是直接效应的 4.71 倍；在地理距离权重矩阵 W_2 中，间接效应约是直接效应的 4.30 倍；在经济空间权重矩阵 W_3 中，间接效应约是直接效应的 5.73 倍。关于产业集聚的变量 Q，其直接效应、间接效应和总效应也均显著为正，表明产业集聚对于本国及周边国家的经济都具有正向的促进作用。以上结论印证了第三章理论机理分析中，交通基础设施、产业集聚与经济增长的关系，即改善交通基础设施和提高产业集聚均会促进经济的增长。

三、分区层面的溢出效应

在三种矩阵的基础上，运用空间杜宾模型对丝绸之路经济带各分区分别进行实证分析。具体的分区包括：中亚—南亚—东亚区域、独联体国家区域和西亚—北非区域。由于本书重点研究空间溢出效应中交通基础设施、产业集聚的影响，因此，在分区域的效应分解中主要分析交通基础设施变量 $\ln T$ 和产业集聚变量 Q 的直接效应、间接效应和总效应。

（一）中亚—南亚—东亚区域

中亚—南亚—东亚区域的实证结果见表 5-4。

表 5 - 4 中亚—南亚—东亚区域实证结果

变量	W_1	W_2	W_3
$\ln L$	3.2161 (2.92)***	2.1094 (2.31)**	1.8312 (1.48)
$\ln K$	1.2119 (4.15)***	1.1021 (3.93)***	0.3312 (1.84)*
$\ln T$	0.0611 (1.87)*	0.6213 (2.65)**	1.2736 (5.72)***
$\ln C$	1.5736 (7.65)***	-0.5213 (-0.32)	1.0524 (6.81)***
$\ln F$	-0.4832 (-1.31)	-0.1615 (-0.78)	-0.2918 (-1.35)
Q	0.5217 (1.81)*	0.4716 (1.81)*	0.2534 (1.87)*
ρ	0.5125 (5.81)***	0.6211 (7.37)***	0.5206 (6.81)***
$W\ln L$	-5.3212 (-3.27)***	-5.5918 (-2.93)***	-5.4131 (-3.87)***
$W\ln K$	2.5916 (3.51)***	1.5107 (2.31)**	0.6716 (1.03)
$W\ln T$	0.1124 (0.41)	0.1439 (0.42)	0.0781 (0.53)
$W\ln C$	-3.1724 (-1.93)*	5.1938 (1.84)*	-6.6153 (-2.74)***
$W\ln F$	-1.1108 (-1.31)	-0.8312 (-1.85)*	-1.4138 (-1.23)
WQ	1.1005 (1.73)*	1.9891 (2.41)**	4.8017 (4.22)***
R^2	0.8514	0.7918	0.8717
Log likelihood	90.1802	84.8724	91.3749

根据表 5 – 4 中的数据可知，在三种矩阵下 ρ 值均为正，且都通过了 1% 的显著性检验，这表明中亚—南亚—东亚区域的经济发展存在明显的空间溢出效应。$\ln L$ 的回归系数在 W_1、W_2 中显著为正，在 W_3 中为正但不显著；$\ln K$ 和 $\ln T$ 的回归系数在 W_1、W_2、W_3 三种矩阵下均显著为正；$\ln C$ 的回归系数在 W_1、W_3 中显著为正，在 W_2 中为负但未通过显著性检验；$\ln F$ 的回归系数在 W_1、W_2、W_3 三种矩阵下为负但均未通过显著性检验；Q 的回归系数在 W_1、W_2、W_3 三种矩阵下均显著为正。

具体的效应分解见表 5 – 5。

表 5 – 5　　　　　　　　中亚—南亚—东亚区域效应分解

效应分解	W_1	W_2	W_3
$\ln T$ 直接效应	0.0912 (1.81)*	0.7615 (2.41)**	1.4312 (5.83)***
$\ln T$ 间接效应	0.2918 (2.04)**	1.2616 (1.89)*	2.8037 (2.96)***
$\ln T$ 总效应	0.3830 (2.21)**	2.0231 (2.02)**	4.2349 (4.38)***
Q 直接效应	0.7423 (1.79)*	1.0322 (1.73)*	1.1918 (2.31)**
Q 间接效应	2.4135 (2.63)***	2.4766 (3.01)***	3.0456 (3.91)***
Q 总效应	3.1558 (1.74)*	3.5088 (1.94)*	4.2374 (3.67)***

根据表 5 – 5 中的数据可知，在中亚—南亚—东亚区域的直接效应方面，$\ln T$ 的回归系数在 W_1、W_2、W_3 三种矩阵下均显著为正，表

明交通基础设施对本国经济具有显著的正向影响；Q 在 W_1、W_2、W_3 三种矩阵下均显著为正，表明产业集聚程度对本国经济也具有显著的正向影响。

在中亚—南亚—东亚区域的间接效应方面，$\ln T$ 的回归系数在 W_1、W_2、W_3 三种矩阵下均显著为正，表明交通基础设施对周边国家的经济具有显著的正向影响；Q 的回归系数在 W_1、W_2、W_3 三种矩阵下均显著为正，表明产业集聚程度对周边国家的经济也具有显著的正向影响。

在中亚—南亚—东亚区域的总效应方面，$\ln T$ 的回归系数在 W_1、W_2、W_3 三种矩阵下均显著为正，表明交通基础设施对该区域内所有国家的经济均具有显著的正向影响；Q 的回归系数在 W_1、W_2、W_3 三种矩阵下均显著为正，表明产业集聚程度对本国及周边国家总的影响均显著为正。

此外，对比直接效应和间接效应可知，相邻权重矩阵 W_1 中 $\ln T$ 的间接效应约为直接效应的 3.20 倍；地理距离权重矩阵 W_2 中 $\ln T$ 的间接效应约为直接效应的 1.66 倍；经济空间权重矩阵 W_3 中 $\ln T$ 的间接效应约为直接效应的 1.96 倍。

（二）独联体国家区域

对于独联体国家区域的实证结果见表 5－6。

表 5－6　　　　　　　　　独联体国家区域实证结果

变量	W_1	W_2	W_3
$\ln L$	−0.4132 （−0.41）	−2.5711 （−2.31）**	−3.7193 （−2.51）**
$\ln K$	1.5325 （4.91）***	1.8261 （6.03）***	1.5041 （5.12）***

续表

变量	W_1	W_2	W_3
$\ln T$	1.0121 (3.52) ***	0.7565 (3.42) ***	0.7127 (2.31) **
$\ln C$	1.7312 (4.03) ***	1.8154 (5.51) ***	1.8102 (4.11) ***
$\ln F$	-3.0117 (-4.53) ***	-4.5325 (-7.47) ***	-4.3214 (-6.72) ***
Q	0.7873 (1.71) *	1.6436 (3.48) ***	2.0173 (4.09) ***
ρ	0.5352 (6.82) ***	0.4357 (5.23) ***	0.4513 (5.71) ***
$W\ln L$	-2.2371 (-1.31)	-1.3643 (-0.86)	-2.4392 (-1.12)
$W\ln K$	0.0943 (0.19)	0.8365 (1.72) *	1.0751 (2.36) **
$W\ln T$	-2.1294 (-3.23) ***	-3.8102 (-4.41) ***	-0.8792 (-2.34) **
$W\ln C$	1.9453 (2.21) **	2.8123 (4.56) ***	1.8061 (2.42) **
$W\ln F$	1.1244 (1.06)	0.8452 (0.79)	-0.8997 (-1.11)
WQ	-2.1862 (-3.83) ***	-1.1124 (-1.93) *	-0.5296 (-1.07)
R^2	0.6853	0.7496	0.6879
Log likelihood	67.1734	71.0183	68.0152

根据表 5 - 6 可知，在三种矩阵下 ρ 值均为正，且都通过了1%的显著性检验，这表明独联体国家区域的经济发展存在明显的空间溢出效应。$\ln L$ 的回归系数在 W_2、W_3 下显著为负，在 W_1 下为负但未通过

显著性检验；$\ln K$、$\ln T$ 和 $\ln C$ 的回归系数在 W_1、W_2、W_3 三种矩阵下均显著为正；$\ln F$ 的回归系数在 W_1、W_2、W_3 三种矩阵下均显著为负；Q 的回归系数在 W_1、W_2、W_3 三种矩阵下均显著为正。

具体的效应分解见表 5 – 7。

表 5 – 7　　　　　　独联体国家区域效应分解

效应分解	W_1	W_2	W_3
$\ln T$ 直接效应	1.7712 (4.12)***	1.7183 (4.39)***	1.0244 (2.95)***
$\ln T$ 间接效应	4.9214 (3.31)***	6.3127 (4.47)***	5.7759 (2.73)***
$\ln T$ 总效应	6.6926 (3.56)***	8.0310 (4.62)***	6.8003 (2.98)***
Q 直接效应	0.2713 (0.47)	1.5793 (2.78)***	2.1513 (3.41)***
Q 间接效应	– 3.2634 (– 1.16)	– 0.4462 (– 0.62)	0.7116 (0.75)
Q 总效应	– 2.9921 (– 1.52)	1.1331 (0.81)	2.8629 (1.78)*

根据表 5 – 7 可知，在独联体国家区域的直接效应方面，$\ln T$ 的回归系数在 W_1、W_2、W_3 三种矩阵下均显著为正，表明交通基础设施对本国经济具有显著的正向影响；Q 的回归系数在 W_2、W_3 中均显著为正，在 W_1 中为正但未通过显著性检验，表明在三种矩阵下，产业集聚程度对本国经济具有正向影响，该影响在相邻权重矩阵下不显著，但是在地理距离权重矩阵和经济空间权重矩阵下较为显著。

在独联体国家区域的间接效应方面，$\ln T$ 的回归系数在 W_1、W_2、W_3 三种矩阵下均显著为正，表明交通基础设施对周边国家的经济具有显著的正向影响；Q 的回归结果在 W_1、W_2、W_3 三种矩阵下均未通过显著性检验，系数在 W_1、W_2 中为负，在 W_3 中为正，表明在相邻权重矩阵和地理距离权重矩阵下，产业集聚程度对周边国家的经济具有负向影响但作用不明显；在经济空间权重矩阵下，产业集聚程度对周边国家的经济具有正向影响但作用不明显。

在独联体国家区域的总效应方面，$\ln T$ 的回归系数在 W_1、W_2、W_3 三种矩阵下均显著为正，表明交通基础设施对该区域内所有国家的经济均具有显著的正向影响；Q 的回归系数在相邻权重矩阵 W_1 中为负但未通过显著性检验，在地理距离权重矩阵 W_2 中为正但未通过显著性检验，在经济空间权重矩阵 W_3 中显著为正，表明仅在经济空间权重矩阵下，产业集聚程度对本国及周边国家总的影响显著为正。

此外，对比直接效应和间接效应可知，相邻权重矩阵 W_1 中 $\ln T$ 的间接效应约为直接效应的 2.78 倍；地理距离权重矩阵 W_2 中 $\ln T$ 的间接效应约为直接效应的 3.67 倍；经济空间权重矩阵 W_3 中 $\ln T$ 的间接效应约为直接效应的 5.64 倍。

（三）西亚—北非区域

西亚—北非区域的实证结果见表 5 - 8。

表 5 - 8　　　　　　　　西亚—北非区域实证结果

变量	W_1	W_2	W_3
$\ln L$	- 0.1783 (- 3.86) ***	- 0.1785 (- 3.87) ***	- 0.1521 (- 3.95) ***
$\ln K$	- 0.5782 (- 2.24) **	- 0.1186 (- 0.52)	- 0.5785 (- 2.41) **
$\ln T$	0.6789 (4.67) ***	0.3633 (2.56) **	0.2769 (1.83) *

续表

变量	W_1	W_2	W_3
$\ln C$	-1.7861 (-1.81)*	-1.8619 (-1.89)*	-1.1426 (-1.23)
$\ln F$	-1.4512 (-2.97)***	-1.3047 (-2.92)***	-0.9871 (-2.19)**
Q	0.8823 (2.51)**	0.5568 (1.73)*	0.6033 (2.15)**
ρ	0.4519 (6.46)***	0.5664 (7.57)***	0.5281 (8.17)***
$W\ln L$	0.0173 (0.21)	0.0251 (0.43)	-0.0618 (-0.84)
$W\ln K$	-1.4318 (-3.19)***	-1.3518 (-3.12)***	-0.9295 (-2.77)***
$W\ln T$	0.0271 (0.08)	-1.0242 (-2.42)**	-0.3783 (-1.45)
$W\ln C$	2.9079 (1.11)	5.0463 (2.47)**	1.5839 (1.14)
$W\ln F$	0.6713 (0.82)	1.1297 (1.35)	-1.7563 (-2.26)**
WQ	-1.8271 (-2.93)***	-2.5418 (-3.68)***	-1.3217 (-2.39)**
R^2	0.3781	0.4816	0.5327
Log likelihood	108.1627	117.6992	123.3126

根据表 5-8 中的数据可知，在三种矩阵下 ρ 值均为正，且都通过了 1% 的显著性检验，这表明西亚—北非区域的经济发展存在明显的空间溢出效应。$\ln L$ 的回归系数在 W_1、W_2、W_3 三种矩阵下均显著为负；$\ln K$ 的回归系数在 W_1、W_3 下均显著为负，在 W_2 下为负但未通过显著性检验；$\ln T$ 的回归系数在 W_1、W_2、W_3 三种矩阵下均显著

为正；$\ln C$ 的回归系数在 W_1、W_2 下均显著为负，在 W_3 下为负未通过显著性检验；$\ln F$ 的回归系数在 W_1、W_2、W_3 下均显著为负；Q 的回归系数在 W_1、W_2、W_3 下均显著为正。

具体的效应分解见表 5 - 9。

表 5 - 9 　　　　　　　　　西亚—北非区域效应分解

效应分解	W_1	W_2	W_3
$\ln T$ 直接效应	0.7554 (4.25)***	0.2124 (2.12)**	0.2542 (2.54)***
$\ln T$ 间接效应	2.5693 (1.65)*	1.7017 (1.93)*	1.4231 (1.76)*
$\ln T$ 总效应	3.3247 (2.82)***	1.9141 (2.02)**	1.6773 (1.86)*
Q 直接效应	0.6774 (2.35)**	0.1138 (1.76)*	0.4527 (1.98)**
Q 间接效应	-2.1353 (-1.15)	-4.6679 (-2.53)**	-1.8681 (-1.55)
Q 总效应	-1.4579 (-1.23)	-4.5541 (-2.10)**	-1.4154 (-0.98)

根据表 5 - 9 可知，在西亚—北非区域的直接效应方面，$\ln T$ 的回归系数在 W_1、W_2、W_3 三种矩阵下均显著为正，表明交通基础设施对本国经济具有显著的正向影响；Q 的回归系数在 W_1、W_2、W_3 三种权重矩阵下均显著为正，表明产业集聚程度对本国经济也具有显著的正向影响。

在西亚—北非区域的间接效应方面，$\ln T$ 的回归系数在 W_1、W_2、W_3 三种矩阵下均显著为正，表明交通基础设施对周边国家的经济具有显著的正向影响；Q 的回归系数在 W_1、W_3 中未通过显著性检验，

在 W_2 中显著为负。

在西亚—北非区域的总效应方面，$\ln T$ 的回归系数在 W_1、W_2、W_3 三种矩阵下均显著为正，表明交通基础设施对该区域内所有国家的经济均具有显著的正向影响；Q 的回归系数在 W_2 中显著为负，在 W_1、W_3 中未通过显著性检验。

此外，对比直接效应和间接效应可知，相邻权重矩阵 W_1 中 $\ln T$ 的间接效应约是直接效应的 3.40 倍；地理距离权重矩阵 W_2 中 $\ln T$ 的间接效应约是直接效应的 8.01 倍；经济空间权重矩阵 W_3 中 $\ln T$ 的间接效应约是直接效应的 5.60 倍。

第四节　本 章 小 结

本章以丝绸之路经济带为研究区域，基于空间杜宾模型，分别构建相邻权重矩阵（W_1）、地理距离权重矩阵（W_2）和经济空间权重矩阵（W_3），并从整体和分区两个层级分析了丝绸之路经济带交通基础设施的空间溢出效应，得到的主要结论包括：

（1）经过 Moran's I 指数分析，在三种空间矩阵下，丝绸之路经济带沿线国家的人均 GDP 存在空间自相关，即丝绸之路经济带的经济发展在空间上呈现集聚的趋势。

（2）从整体层面来看，在相邻权重矩阵 W_1 中，间接效应（即空间溢出效应）约为直接效应的 4.71 倍；在地理距离权重矩阵 W_2 中，间接效应约为直接效应的 4.30 倍；在经济空间权重矩阵 W_3 中，间接效应约为直接效应的 5.73 倍。

（3）从分区层面来看，各个区域交通基础设施的直接效应、间接效应和总效应均显著为正。在中亚—南亚—东亚区域，相邻权重矩阵 W_1 中 $\ln T$ 的间接效应约为直接效应的 3.20 倍；地理距离权重矩阵

W_2 中 $\ln T$ 的间接效应约为直接效应的 1.66 倍；经济空间权重矩阵 W_3 中 $\ln T$ 的间接效应约为直接效应的 1.96 倍。在独联体国家区域，相邻权重矩阵 W_1 中 $\ln T$ 的间接效应约为直接效应的 2.78 倍；地理距离权重矩阵 W_2 中 $\ln T$ 的间接效应约为直接效应的 3.67 倍；经济空间权重矩阵 W_3 中 $\ln T$ 的间接效应约为直接效应的 5.64 倍。在西亚—北非区域，相邻权重矩阵 W_1 中 $\ln T$ 的间接效应约为直接效应的 3.40 倍；地理距离权重矩阵 W_2 中 $\ln T$ 的间接效应约为直接效应的 8.01 倍；经济空间权重矩阵 W_3 中 $\ln T$ 的间接效应约为直接效应的 5.60 倍。

第六章 丝绸之路经济带交通基础设施与区域经济一体化研究

通过上一章的分析可知，交通基础设施可以通过直接效应来影响本国的经济，又可以通过间接效应（即空间溢出效应）来影响周边国家的经济。交通基础设施的建设，将对丝绸之路经济带沿线国家提升本国经济及带动周边国家经济带来新的动力。由此可知，交通基础设施推动互联互通的实现，会增强各国间的联系，带动丝绸之路经济带区域内贸易、经济、产业等方面的合作，为实现丝绸之路经济带区域经济一体化奠定基础。实现丝绸之路经济带区域经济一体化，可以有效促进我国与周边国家和地区相互之间的贸易往来，在资源和技术方面优势互补，推动经济的共同发展。同时，丝绸之路经济带区域经济一体化有助于促进沿线各国之间的文化交流，使沿线各国能够以宽容、尊重和理解的态度接受不同的文化，增进各国人民的友谊。

一般来说，衡量区域经济一体化的主要指标是边界效应，即国家之间在地理上的边界对两国之间的经贸合作所产生的影响，主要用来反映国内贸易与跨国贸易之间的差异。丝绸之路经济带沿线国家的地理边界复杂，边界问题突出，对跨国贸易的开展造成了很大的影响，也成为丝绸之路经济带实现区域经济一体化最主要的问题之一。本章选取丝绸之路经济带沿线国家的相关数据，构建贸易引力模型，从整体、分区和国别三个层面实证分析丝绸之路经济带的边界效应值，以反映丝绸之路经济带区域经济一体化的程度，并分析交通基础设施在区域经济一体化中的影响作用。

第一节　机 理 阐 释

一、区域经济一体化是丝绸之路经济带建设的基本思路

区域一体化已经成为当今世界经济发展的主要趋势之一。随着全球经济的发展，各个国家的国际化程度不断提高，互相之间的经济依赖性逐渐加深，这使得各国的生产要素和产品进一步走向国际。在此过程中，存在经济差异又缺少联系的区域需要通过区域经济一体化逐渐消除贸易壁垒，促进生产要素和商品在各个区域自由流动，从而加快经济发展，并提高经济效率和国际竞争力。

区域经济一体化是丝绸之路经济带建设的基本思路，丝绸之路经济带沿线国家可以在区域经济一体化的基础上开展一系列合作，合作的具体领域包括：（1）交通基础设施领域。近年来，中国与丝绸之路经济带沿线国家在铁路、公路、航空和能源管道等方面开展了众多项目的合作，这对于沿线国家而言，有助于改善交通基础设施条件。（2）能源领域。我国作为世界第二大经济体，自身的经济发展过程中对于能源的需求日益加大，而丝绸之路经济带沿线很多国家都具有资源丰富的特点和优势。因此，丝绸之路经济带区域经济一体化建设将有助于我国开辟更多获得能源的渠道和途径，以更好地实现能源的供求对接。（3）产业领域。丝绸之路经济带区域经济一体化对产业的发展也有新的要求。在当前我国面临经济与产业转型升级，以及丝绸之路经济带沿线国家具备产业承接条件的情况下，在丝绸之路经济

带产业领域，可以推动更多产业转型与产业合作。（4）物流领域。从物流领域来看，我国目前已经与丝绸之路经济带沿线国家在多种交通运输线路上进行了合作和连通，并且部分保税区、物流园区和交易中心的建设，为开展物流领域的合作创造了基本条件。此外，基于区域经济一体化的需求，丝绸之路经济带沿线国家在贸易、科技、旅游等领域也开展了合作，进一步推动了丝绸之路经济带区域经济一体化目标的实现。

二、丝绸之路经济带对接区域经济一体化

作为我国连接欧、亚、非三大洲的重要通道和纽带，丝绸之路对促进本地区的经济发展以及沿线国家的经济发展都具有十分明显的导向作用。特别是在世界全球化水平越来越高的背景下，重走丝绸之路既是对我国经济发展的促进与带动，也是对沿线国家的支持与帮助。在当前复杂多变的国际环境下，按照国家的相关部署，以东西方文明交流为基础，以经贸合作为通道和纽带，以亚、欧、非三大洲以及沿岸各个国家之间建立贸易往来为前提，逐步建设丝绸之路经济带。这不仅是我国社会主义现代化发展的必然需求，同时也是世界经济发展潮流中一个不可阻止的发展趋势。

丝绸之路经济带构建了亚欧非国家在经济上深层次合作的宏伟蓝图，促进各国的双多边经济合作与发展，为各国经济发展提供了新思路和新方向，得到各国的广泛认可和支持，并将本国的发展战略与丝绸之路经济带的区域经济一体化对接。首先，丝绸之路经济带建设得到亚欧国家的积极支持和参与。中亚、南亚、欧盟和阿拉伯国家均对丝绸之路经济带建设表示积极支持和参与。其次，中国与丝绸之路经济带沿线国家积极合作的意愿强烈。上海合作组织成员国、东盟十国、阿拉伯国家等与中国之间合作基础坚实，且均有强烈的合作升温

的意愿，丝绸之路经济带将成为双边合作的新机遇和新动力。

三、丝绸之路经济带建设助推区域经济一体化

近年来，中国通过建立双多边贸易体制，签订自由贸易协议和建立自由贸易区，积极推进区域贸易合作的进程，在国际经济与贸易关系的发展和区域经济融合上取得了长足的进步。丝绸之路经济带建设是中国应对美国实施跨太平洋战略经济伙伴协定（TPP）和跨大西洋贸易与投资伙伴协定（TTIP）的积极措施，探寻金融危机后经济增长的新契机，对实现新一轮的对外开放政策和构建国际经济合作的新平台具有重大意义。中国与丝绸之路经济带沿线其他国家的贸易规模、占我国贸易总额的比重近年来均在持续增加。因此，建设丝绸之路经济带的意义显得尤为重要。

经济发展过程中制造业和基础设施建设是最基础的核心要素。丝绸之路经济带沿线大部分国家面临资金与技术匮乏等困难，而中国在制造业和基础设施建设方面又相对具有优势。因此，丝绸之路经济带可以实现国家间的分工协作，达到双赢和多赢的共同目标，推动区域经济一体化进程。

一方面，中国可以发挥在制造业和基础设施建设上的带动作用。在基础设施建设方面，中国具有技术和成本两方面的比较优势，并且通过在国内的建设运营积累了丰富的经验，能支持和帮助沿线国家基础设施的建设。在制造业方面，依托于丝绸之路经济带，可以推动产业合作和产业转移，助力丝绸之路经济带沿线国家的制造业发展。另一方面，沿线国家可以分享中国经济快速发展的机遇，进一步带动本国经济的繁荣。丝绸之路经济带建设需将全球贸易自由化的发展趋势与沿线国家的发展需求相结合，满足不同发展水平国家的经济利益需求，达到多赢共赢的多重目标，构建高标准、全面性、互惠互利的区

域经济合作机制。因此，依托丝绸之路经济带建设，采取制造业与基础设施建设双轮驱动的发展合作方式，发挥中国在区域经济一体化中的积极引领作用，带动沿线国家经济发展，能够增强中国在国际分工合作中的主导作用，形成以中国为导向的区域经济合作机制与规则。

第二节　模型构建

一、标准的引力模型

引力模型是一个应用广泛的空间相互作用模型，是用来分析和预测空间相互作用形式的数学方程，目前已被不断拓展并运用于许多研究领域，在旅游、贸易和人口迁移等方面都有所涉及。牛顿提出的万有引力定律为引力模型的概念奠定了基础，用两个物体之间的相互引力和物体的质量、距离间的关系作为前提条件。经过论证，两物体间的引力和两物体的质量成正比，与距离成反比。到 20 世纪 60 年代，引力模型被丁伯根（Tinbergen，1962）引入国际贸易研究领域，迅速得到大量的经验支持。他认为，不同国家在进行国际贸易的过程中，双方的贸易规模和两国的经济总量、两国之间的距离也是符合万有引力定律的。即两国的贸易规模与两国各自的经济总量存在正相关的关系，与两国之间的距离存在负相关的关系。经过几十年的发展，引力模型逐渐成为贸易研究中的基准模型。[1]

贸易引力模型的最初表现形式为：

---

① Tinbergen, J. Shaping the world Economy: Suggestion for an International Economic Policy [M]. The twentieth Century Fund, 1962.

$$trade_{ij} = K \cdot \frac{gdp_i^{\alpha} gdp_j^{\beta}}{D_{ij}^{\gamma}} \qquad (6-1)$$

其中，$trade_{ij}$表示国家i向国家j的出口额；gdp_i和gdp_j分别表示国家i和国家j的国内生产总值；D_{ij}表示国家i和国家j之间的距离，通常用两个国家首都之间的距离来计算。

经过取对数的处理，可以得出标准的贸易引力模型表达式：

$$\ln trade_{ij} = \alpha_0 + \alpha_1 \ln gdp_i + \alpha_2 \ln gdp_j + \alpha_3 \ln D_{ij} + \varepsilon_{ij} \qquad (6-2)$$

其中，α_0、α_1、α_2和α_3都是待估计的系数。两国各自的经济规模越大，越有利于双边贸易的开展；两国距离越远，对双边贸易的阻碍作用越大。因此，预期α_1和α_2的符号为正，α_3的符号为负。随机误差项ε_{ij}包含其他可能影响两国双边贸易量的因素。

二、边界效应模型

麦克勒姆（McCallum，1995）在其论文《国家边界问题：加拿大—美国区域贸易模式》（*National Borders Matter：Canada–U. S. Regional Trade Patterns*）中首次提到了边界效应，并运用引力模型测算出加拿大和美国之间的边界效应值为22.0。赫利韦尔（Helliwell，1998）对麦克勒姆（1995）的边界效应研究进行了补充和扩展，并基于时间序列数据测算出加拿大各个省之间的贸易额是美国和加拿大各州/省之间贸易额的20倍左右。庞塞（Poncet，2003）基于中国的数据进行了边界效应研究，发现中国在1987年、1992年和1997年各省份之间的边界效应分别为12、16和27。

根据现有研究成果可知，边界效应模型的具体表达式为：

$$\ln trade_{ij} = \beta_0 + \beta_1 border + \beta_2 \ln gdp_i + \beta_3 \ln gdp_j + \beta_4 \ln D_{ij} + \varepsilon_{ij}$$

$$(6-3)$$

其中，表示国内贸易时，$border = 1$；表示国际间贸易时，$border = 0$。而基于 $border$ 系数 β_1 的 e^{β_1} 表示的就是边界效应，表示在经济总量和距离一定的情况下，国内贸易将会是国际间贸易的倍数。

考虑到地理位置相邻对贸易的影响，本章在边界效应模型的基础上将反映地理相邻的变量也引入进来，具体表达式为：

$$\ln trade_{ij} = \gamma_0 + \gamma_1 border + \gamma_2 adjacent + \gamma_3 \ln gdp_i +$$
$$\gamma_4 \ln gdp_j + \gamma_5 \ln D_{ij} + \varepsilon_{ij} \qquad (6-4)$$

其中，当国家 i 和国家 j 有共同的陆地边界时，$adjacent = 1$；没有共同边界时，$adjacent = 0$。

三、引入交通基础设施的边界效应模型

本章研究的是交通基础设施对区域经济一体化的影响，因此需要将交通基础设施这一变量也纳入边界效应的研究中。据此可以得出引入交通基础设施变量的边界效应模型，具体表达式为：

$$\ln trade_{ij} = \lambda_0 + \lambda_1 border + \lambda_2 adjacent + \lambda_3 \ln gdp_i +$$
$$\lambda_4 \ln gdp_j + \lambda_5 \ln D_{ij} + \lambda_6 \ln T_{ij} + \varepsilon_{ij} \qquad (6-5)$$

其中，T_{ij} 表示国家 i 和国家 j 的平均交通基础设施水平，此处用两个国家的交通基础设施存量之和与其国土面积之和的比值来表示。通过实证检验，如果平均交通基础设施水平的系数 T_{ij} 为正，则说明增加交通基础设施的存量会对贸易额产生促进作用。

四、数据来源

出口贸易额包括两部分，一是丝绸之路经济带各个国家之间的出口贸易额，二是各个国家内部的出口贸易额。国家之间的出口贸易额可以通过联合国贸易数据库（UN Comtrade）数据库来获取；而国内

的出口贸易额，本书采用了魏（Wei，1996）的方法，用一个国家的国内生产总值减去总出口来表示。关于距离，同样包括两部分，一是各国之间的距离，本书采用两国首都之间的直线距离来表示；二是各个国家内部的距离，本书采用庞塞（2003）的方法，假定国内贸易的距离与该国的面积相关，其公式为：$D_{ii} = \sqrt{\dfrac{A}{\pi}}$，$A$ 表示一个国家的国土面积，D_{ii} 表示国内贸易的距离。关于交通基础设施，本书主要采用两个国家的平均交通基础设施水平来衡量，即两个国家公路和铁路的存量之和与两个国家的面积之和的比值，其数据来源与第五章空间溢出效应研究部分相同。

第三节　实证结果

本节根据上文构建的模型分别从整体、分区、国别三个层面进行实证检验。

一、整体层面

根据上文构建的模型进行实证检验，其中，Model 1 表示标准的引力模型；Model 2 表示在 Model 1 的基础上加入交通基础设施变量；Model 3 表示在 Model 1 的基础上加入边界效应变量；Model 4 表示在 Model 3 的基础上加入交通基础设施变量；Model 5 和 Model 6 分别是在 Model 3 和 Model 4 的基础上加入相邻变量。具体实证结果如表 6 – 1 所示。

表6-1   丝绸之路经济带边界效应模型实证结果

变量	Model 1	Model 2	Model 3	Model 4	Model 5	Model 6
$\ln gdp_i$	1. 3678 *** (13. 71)	1. 2917 *** (13. 17)	1. 3514 *** (13. 86)	1. 2643 *** (13. 19)	1. 3128 *** (13. 65)	1. 2134 *** (12. 31)
$\ln gdp_j$	1. 2613 *** (12. 13)	1. 1983 *** (12. 12)	1. 2378 *** (13. 19)	1. 1621 *** (12. 34)	1. 2106 *** (12. 72)	1. 1103 *** (11. 78)
$\ln D_{ij}$	− 2. 1208 *** (− 12. 87)	− 2. 1041 *** (− 12. 64)	− 1. 7487 *** (− 7. 17)	− 1. 6576 *** (− 6. 81)	− 1. 3752 *** (− 4. 97)	− 1. 2215 *** (− 4. 43)
$\ln T_{ij}$		0. 5543 *** (3. 09)		0. 5716 *** (3. 26)		0. 6417 *** (3. 59)
border			2. 6716 * (1. 89)	2. 9817 ** (2. 27)	3. 4918 *** (2. 93)	3. 8201 *** (3. 4617)
adjacent					1. 6431 *** (2. 87)	1. 9138 *** (3. 38)
R − squared	0. 8391	0. 8474	0. 8416	0. 8507	0. 8462	0. 8552
F − statistic	164. 2167	126. 1503	124. 1533	103. 3647	102. 1017	88. 6923
Border effect			14. 4631	19. 7213	32. 8450	45. 6088

注：括号内的值为t值；***，** 和 * 分别表示在1%、5%和10%的水平上显著。下表同。

根据表6-1可以得知实证结果与引力方程各个变量的预期结果是一致的，经济总量 $\ln gdp_i$ 和 $\ln gdp_j$ 的回归系数都显著为正，即对贸易额存在明显的正向影响；距离 $\ln D_{ij}$ 的回归系数显著为负，即对贸易额存在明显的负向影响。Model 3、Model 4、Model 5 和 Model 6 模型中实证结果估计的边界效应值（border effect）分别为 14. 4631、19. 7213、32. 8450 和 45. 6088，基本介于 14~45 之间。根据赫利韦尔（1998）的研究可知，经济发展水平较高国家（以发达国家为主）的边界效应值一般为 6~25，而经济发展水平较差国家（以发展中国家为主）的边界效应值一般为 70 左右。根据本书的研究结果可知丝绸之路经济带的边界效应较为接近发展中国家的数据，也从侧面印证了丝绸之路经济带沿线国家多以发展中国家为主的事实。

根据 Model 5 和 Model 6 的实证结果，相邻变量（adjacent）的系数分别为 1.6431 和 1.9138，由此可知相邻变量对贸易额存在正向影响，且在 1% 的水平上显著。这表明在其他因素一定的情况下，相邻国家之间的贸易便利性通常要优于非相邻国家。根据 Model 2、Model 4 和 Model 6 的实证结果，交通基础设施变量（$\ln T_{ij}$）的系数分别为 0.5543、0.5716 和 0.6417，表明交通基础设施对贸易额存在显著正向的影响，即改善交通基础设施将有利于国际贸易的开展。

二、分区层面

由于丝绸之路经济带包含的国家较多，且存在较大差异，本章将丝绸之路经济带划分为不同的区域分别进行了实证检验，主要划分为中亚—南亚—东亚、独联体国家和西亚—北非三个区域，具体实证结果如表 6-2 所示。

表 6-2　　　　　　　　　分区域边界效应模型实证结果

变量	中亚—南亚—东亚	独联体国家	西亚—北非
$\ln gdp_i$	1.1693 *** (6.87)	1.5107 *** (11.38)	1.9102 *** (7.87)
$\ln gdp_j$	1.0217 *** (5.65)	0.7454 *** (6.21)	1.4574 *** (9.63)
$\ln D_{ij}$	-0.9161 * (-1.83)	-1.4687 *** (-3.65)	-2.0319 *** (-4.97)

续表

变量	中亚—南亚—东亚	独联体国家	西亚—北非
$\ln T_{ij}$	1. 0194 *** (3. 19)	0. 2119 * (1. 74)	0. 1105 * (1. 76)
border	3. 8034 *** (2. 67)	2. 8017 ** (2. 19)	2. 1321 * (1. 76)
adjacent	2. 5336 ** (2. 64)	0. 5131 (0. 66)	0. 4138 (0. 49)
R – squared	0. 4476	0. 5264	0. 3652
F – statistic	41. 3801	38. 7836	41. 1316
Border effect	44. 8534	16. 4726	8. 4326

根据表 6 – 2 可知，在三个区域，解释变量 $\ln gdp_i$、$\ln gdp_j$、$\ln T_{ij}$ 的回归系数均显著为正，$\ln D_{ij}$ 的回归系数显著为负。在交通基础设施变量方面，$\ln T_{ij}$ 的回归系数在三个区域中均显著为正，这表明在三个区域中交通基础设施建设对国家之间的双边贸易具有正向的促进作用。但是，中亚—南亚—东亚区域 $\ln T_{ij}$ 的回归系数为 1.0194，在三个区域中最大，独联体国家区域 $\ln T_{ij}$ 的回归系数（0.2119）次之，西亚—北非区域 $\ln T_{ij}$ 的回归系数（0.1105）最小，这表明交通基础设施对中亚—南亚—东亚区域贸易的影响作用最大，对独联体国家区域贸易的影响作用次之，对西亚—北非区域贸易的影响作用最小。

在边界效应方面，中亚—南亚—东亚区域边界效应值最大，为 44.8534；独联体国家区域边界效应值次之，为 16.4726；西亚—北非区域边界效应值最低，为 8.4326。这可能有两方面的原因：一是中亚—南亚—东亚区域基本是以发展中国家为主，且各个国家在文化、经济、地理位置、语言、风俗习惯等方面存在较大差异，交通基础设施整体较为落后，在区域内部进行国际贸易的障碍较多，边界效应相对较高；二是独联体国家区域和西亚—北非区域各个国家相应的差异较小，交通基础设施整体较为完善，在各自区域内开展贸易的边界效应相比中亚—南亚—东亚区域要低。这表明西亚—北非区域经济一体化程度最高，独联体国家区域经济一体化程度次之，中亚—南亚—东亚区域经济一体化的程度最低。

三、国别层面

借鉴庞塞（2003）的方法，研究分析丝绸之路经济带沿线各个国家的边界效应，选取的数据包括某国家向其他30个国家的出口贸易额（30个样本数据）、其他30个国家向该国的出口额（30个样本数据）以及该国国内贸易额（1个样本数据），共61个样本数据，具体实证结果如表6－3所示。

表6－3　　　　　　　丝绸之路经济带沿线各国边界效应

国家	估计值	边界效应值	国家	估计值	边界效应值
中国	0.534	1.71	摩尔多瓦	1.531	4.62
蒙古国	3.612	37.04	伊朗	3.372	29.14
阿富汗	3.263	26.13	伊拉克	3.581	35.91
巴基斯坦	2.231	9.31	土耳其	1.103	3.01
印度	1.516	4.55	约旦	1.742	5.71
哈萨克斯坦	2.101	8.17	黎巴嫩	0.963	2.62
吉尔吉斯斯坦	2.802	16.48	以色列	2.433	11.39
塔吉克斯坦	3.591	36.27	沙特	1.835	6.27
乌兹别克斯坦	4.062	58.09	也门	0.842	2.32
土库曼斯坦	4.301	73.77	阿曼	1.127	3.09
俄罗斯	1.617	5.04	阿联酋	0.902	2.46
乌克兰	1.356	3.88	卡塔尔	0.611	1.84

国家	估计值	边界效应值	国家	估计值	边界效应值
白俄罗斯	1.482	4.40	科威特	0.131	1.14
格鲁吉亚	3.163	23.64	巴林	1.391	4.02
阿塞拜疆	3.717	41.14	埃及	1.432	4.19
亚美尼亚	1.241	3.46			

根据表 6-3 中的结果可知，在丝绸之路经济带 31 个国家中，边界效应值最小的三个国家分别为科威特、中国、卡塔尔。其中，科威特的边界效应值为 1.14，中国的边界效应值为 1.71，卡塔尔的边界效应值为 1.84。相反，边界效应值最大的三个国家分别为土库曼斯坦、乌兹别克斯坦、阿塞拜疆。其中土库曼斯坦的边界效应值为 73.77，乌兹别克斯坦的边界效应值为 58.09，阿塞拜疆的边界效应值为 41.14。这表明在丝绸之路经济带，科威特区域经济一体化程度最高，土库曼斯坦区域经济一体化程度最低。

第四节　丝绸之路经济带区域经济一体化进程面临的问题和启示

一、丝绸之路经济带区域经济一体化进程面临的问题

一是丝绸之路经济带沿线国家之间存在较大差异，既有发达国家又有发展中国家和最不发达国家。此外，丝绸之路经济带沿线国家在产业结构、国民收入、宗教信仰、文化习俗等方面也存在差异。这些差异在一定程度上对丝绸之路经济带的区域经济一体化进程都产生了

阻碍。

二是丝绸之路经济带沿线部分国家和地区在非经济领域存在矛盾和争端，如印度和巴基斯坦、中东地区等，给丝绸之路经济带沿线区域的和平与稳定带来了不确定性，也对区域经济一体化进程产生了一定的阻碍作用。丝绸之路经济带倡议坚持的原则是不干涉成员国的内政和主权，并且避免单个成员国成为整个区域控制者的情况出现，从而保障各个成员国的根本利益。

三是现如今，以美国为首的部分国家主张"逆全球化"的发展理念，这将给丝绸之路经济带区域经济一体化进程带来新的问题和挑战。面对"逆全球化"现象的出现，丝绸之路经济带倡议既是中国为逆全球化开出的一剂良方，也是为全方位、多层次的国际经济合作搭建的一个崭新平台，是参与全球治理体系变革的中国行动。

二、丝绸之路经济带区域经济一体化进程的启示

一是发展为导向。丝绸之路经济带与常见的区域经济一体化在机制上有所不同，常见的区域经济一体化基本都是以规则为导向，而丝绸之路经济带则主要是以发展为导向。在现有的区域经济一体化机制中，无论是何种形式，都要首先围绕准入门槛、成员国的权利与义务、时间表与路线图、争端解决机制等制定明确的规则。丝绸之路经济带则不然，它不是以明确的规则为前提，而是以发展为导向确立其整体架构（李向阳，2018）。丝绸之路经济带是在古代丝绸之路的基础上，高举和平发展的旗帜，积极与沿线国家共同打造政治互信、经济融合、文化包容的利益共同体、命运共同体和责任共同体。现有的区域经济一体化通常会设置准入门槛，而丝绸之路经济带则希望把更多的国家吸纳进来。

二是完善合作机制。对于丝绸之路经济带区域经济一体化的发

展，需要在相关合作机制上继续完善，为双边经济贸易的合作创造便利机会，使得丝绸之路经济带沿线国家加快开放型经济体制的建设。同时，丝绸之路经济带沿线各个国家应做好沟通，积极开展全方位的合作，消除贸易壁垒，加强流通协作。丝绸之路经济带沿线大部分国家的基础设施建设较为落后，为了区域经济一体化进程的发展，沿线国家需要加大基础设施建设，增进"互联互通"。一方面，加强基础设施建设可以在一定程度上突破丝绸之路经济带沿线国家经济发展的"瓶颈"；另一方面，基础设施，尤其是交通基础设施越发达，则边界效应越低（刘林龙和胡鞍钢，2011），即交通基础设施建设可以促进区域经济一体化的进程。

第五节　本章小结

本章通过构建贸易引力模型，实证分析了丝绸之路经济带整体、分区以及每个国家的边界效应值，以反映区域经济一体化的程度，进而分析交通基础设施在区域一体化中的影响作用。通过研究得出以下结论：

（1）在整体层面的分析中，结果显示丝绸之路经济带整体的边界效应值介于 14～45 之间。根据赫利韦尔（1998）的研究，经济发展水平较高国家（以发达国家为主）的边界效应值一般为 6～25，而经济发展水平较低国家（以发展中国家为主）的边界效应值一般为 70 左右。据此可知丝绸之路经济带的边界效应值较接近发展中国家的数据，也从侧面印证了丝绸之路经济带沿线国家多以发展中国家为主的事实。

（2）在分区层面的分析中，在中亚—南亚—东亚区域、独联体国家区域和西亚—北非区域 $\ln T_{ij}$ 的系数分别为 1.0194、0.2119 和

0.1105，这表明交通基础设施对中亚—南亚—东亚区域贸易的影响作用最大，对独联体国家区域贸易的影响作用次之，对西亚—北非区域贸易的影响作用最小。边界效应值方面，中亚—南亚—东亚区域边界效应值最大，为 16.5007；独联体国家区域边界效应值次之，为 6.0660；西亚—北非区域边界效应值最低，为 3.1022。

（3）在国别层面的分析中，科威特、中国、卡塔尔是边界效应较小的三个国家，其中，科威特的边界效应值 1.14 为最小；土库曼斯坦、乌兹别克斯坦、阿塞拜疆是边界效应较大的三个国家，其中，土库曼斯坦的边界效应值 73.77 为最大。

第七章 丝绸之路经济带交通基础设施国际合作研究

通过第五章和第六章的实证分析不难看出，通过加强交通基础设施建设实现互联互通，可以改善本地区的通达性，降低运输成本，对区域贸易、分工、专业化和聚集经济产生影响，最终促进本地区经济的发展。此外，交通基础设施由于其内在的网络性和外部性，还可以对其他地区的经济产生溢出效应，带动其他地区的经济增长。由此可见，对于丝绸之路经济带交通基础设施的建设非常有必要。又由于丝绸之路经济带沿线国家数量较多，因此，在交通基础设施建设过程中，每个国家除了自己的国内建设外，还需要考虑到跨国交通基础设施建设项目的国际合作问题。

第一节 丝绸之路经济带实现国际合作的需求

一、丝绸之路经济带区域差异大

丝绸之路经济带覆盖区域的自然条件区域差异明显，其具体表现在资源要素禀赋、产业结构、城镇发展状况等方面存在较大差异。丝绸之路经济带途经俄罗斯、哈萨克斯坦等上海合作组织主要成员国，延伸至地中海，连接东亚、中亚、南亚、西亚与欧洲。通过覆盖区域各国的合作和规划，形成连接东亚、西亚、南亚的交通运输网络，促进贸易畅通和投资便利化。丝绸之路经济带发展空间大，是进行大规模自然和人力资源开发，发展城镇化和现代农业的重点区域，具有承接产业转移的作用。丝绸之路经济带将以点带面，从线到片，逐步形成区域大合作。在当前全球经济低迷的背景下，通过区域经济合作，推动经济发展的意义重大。同时，丝绸之路经济带也将推进中国的出口贸易，在欧美市场普遍不景气的背景下，拓展中亚、西亚和南亚市场，对我国的外贸出口具有积极意义。

二、丝绸之路经济带要区域分工，因地制宜

丝绸之路经济带覆盖区域在开发的进程中要因地制宜、扬长避短，避免地区经济相互复制，避免造成资源浪费和产业布局不合理等种种弊端。在丝绸之路经济带区域经济合作发展的框架下，实现丝绸之路经济带覆盖区域内的分工与合作，将各地的优势充分发挥出来，从而将丝绸之路经济带覆盖区域的整体潜力最大限度地释放出来，使丝绸之路经济带覆盖区域内产业空间布局与优化达到最佳，才能形成丝绸之路经济带的整体效应与全面推进，成为全世界经济的新增长极。

三、丝绸之路经济带应发挥合力作用

丝绸之路经济带沿线的大部分国家是发展中国家，属于新兴经济体。作为经济后发地区，丝绸之路经济带面临着底子薄、基础差、实力弱的发展困境。因此每个国家都应抓住丝绸之路经济带的机遇，争

取多投入和引进大项目，推动本地方经济快速发展。但是丝绸之路经济带覆盖区域的各个国家的多头出击、恶性竞争的趋势必将导致物资流、人力资源流、资金流的分散，使得资源配置不合理。防止效益低下和产业空间布局的失衡是丝绸之路经济带建设的前提，而整合各类资源，形成合力是使丝绸之路经济带覆盖区域整体经济实力的提升的重要条件。强调丝绸之路经济带覆盖区域经济合作发展，将有限的资金集中起来，形成合力，投入到前景优越、具有资源优势和发展潜力的地区和行业，才能够达到经济效益和社会效益的最大化，形成丝绸之路经济带覆盖区域产业增长极，最终通过经济的"极化"与"扩散"效应，促进丝绸之路经济带覆盖区域的经济发展。

第二节　丝绸之路经济带交通基础设施国际合作的机理分析

通常来说，"机理"指的是事物发生、发展的内在规律及其与外在影响因素所形成的有机联系的系统。丝绸之路经济带沿线各国在交通基础设施建设上开展国际合作主要是通过发展经济走廊的形式，也就是说丝绸之路经济带交通基础设施的国际合作，本质上就是六大经济走廊的建设。王金波（2017）从贸易创造效应、投资促进效应、产业集聚效应和空间溢出效应等方面分析了经济走廊的形成机理，他认为六大经济走廊涉及贸易、投资、产业、交通和基础设施等多个领域，实现要素在丝绸之路经济带沿线国家间各个领域的自由流动和有序配置，不仅有利于中国与丝绸之路经济带其他国家间要素资源禀赋的价值实现与增值，还可以通过空间聚集的强化作用推动空间经济结构的产生和变化，为丝绸之路经济带沿线路域经济走廊的发展和交通基础设施国际合作的开展提供稳定的动力机制。

从区域经济学角度来说，丝绸之路经济带从根本上是一种路域经济，是依托道路辐射带动形成的生产力布局及区域经济发展体系。从丝绸之路经济带规划来看，需要开发若干经济走廊，而经济走廊建设的重点内容就是铁路、公路、航空和能源管线等交通线路。通过建设丝绸之路经济带沿线路域经济走廊，实行以点带面，从线到片。2015年4月27日，中共中央政治局常务委员会委员、国务院副总理张高丽在重庆出席亚欧互联互通产业对话会开幕式并发表主旨演讲，其在演讲中首次明确宣布中国正与"一带一路"沿线国家一道，积极规划中蒙俄、新亚欧大陆桥、中国—中亚—西亚、中国—中南半岛、中巴、孟中印缅六大经济走廊建设。除中国—中南半岛经济走廊外，其余五个经济走廊都与丝绸之路经济带密切相关，成为丝绸之路经济带的物质载体。如何在这五个经济走廊的推进过程中与沿线国家一道，合作规划和建设交通基础设施，成为今后丝绸之路经济带的核心任务。

经济带是依托一定的交通运输干线、地理位置、自然环境和资源禀赋而形成的带状地域经济单元。在这一区域内，通过互联互通，发挥经济积聚和辐射带动功能，链接带动不同等级规模的城市实现经济社会发展，从而形成一条点状密集、面状辐射、线状延伸的生产、流通一体化的带状经济区域或经济走廊。"走廊"是经济要素在一定的地理区域内，不断集聚和扩散而形成的一种特殊的经济空间形态。1996年，欧盟委员会将"欧洲走廊"定义为：由公路、铁路、通信线路等在相邻城市和地区间跨界流动所形成的"轴线"。国内对经济走廊的理解主要是依据1998年大湄公河次区域第八次部长会议上亚洲开发银行提出的概念。亚洲开发银行将"经济走廊"定义为次区域范围内生产、投资、贸易和基础设施建设等有机地联系为一体的经济合作机制。本书基于对丝绸之路经济带交通基础设施的研究，将"交通通道"和"交通走廊"视为发展经济走廊的重要基础和载体。六大经济走廊具体包含的与我国合作的国家和地区可见表7-1。其中，与丝绸之路经济带密切相关的主要包括中蒙俄、新亚欧大陆桥、中国—中亚—西亚、中巴、孟中印缅等五大经济走廊。

表 7-1　　　六大经济走廊包含与我国合作的国家和地区

经济走廊名称	国家和地区
中蒙俄	蒙古国、俄罗斯
新亚欧大陆桥	包括独联体国家在内的欧洲部分国家和地区
中国—中亚—西亚	哈萨克斯坦、吉尔吉斯斯坦、塔吉克斯坦、乌兹别克斯坦、土库曼斯坦、阿曼、阿联酋、卡塔尔、科威特、巴林、沙特阿拉伯、伊朗、伊拉克、阿富汗、叙利亚、约旦、黎巴嫩、以色列、也门、土耳其、埃及
中巴	巴基斯坦
孟中印缅	孟加拉国、印度、缅甸

第三节　经济走廊建设中交通基础设施国际合作的实践案例

一、中蒙俄经济走廊

中蒙俄三国地缘毗邻，且发展战略高度契合。2014 年 9 月，国家主席习近平在出席中蒙俄三国元首会晤时提议建立"中蒙俄经济走廊"，将俄罗斯已有的"欧亚大铁路"、蒙古国倡议的"草原丝绸之路"进行对接。通过加强铁路、公路等互联互通建设，推进通关和运输便利化，促进过境运输合作，为打造中蒙俄经济走廊，实现中蒙俄的共同发展目标奠定坚实基础。根据中蒙俄三国的区位特征、资源禀赋和交通布局，中蒙俄经济走廊有两条重要通道：第一条是从京津冀到呼和浩特,从边境城市二连浩特到蒙古国乌兰巴托,然后汇入俄罗斯远东铁路网;第二条是沿着老中东铁路从大连、沈阳、长春、哈尔滨到满洲里和俄罗斯的赤塔。两条通道的共同特征是将中国的环渤海经济圈通过中蒙俄经济走廊与欧洲经济圈连接起来,形成一条从亚洲到欧洲的北方通道。与丝绸之路经济带从西北地区走新亚欧大陆桥相比,中蒙俄经济走廊连接东三省,向东可以抵达符拉迪沃斯托克出海口,向西到俄罗斯赤塔进入亚欧大陆桥,具有运输成本低、时间短,经过的国家少、海关通关成本低等优势,是一条潜力巨大的经济走廊。

在中蒙俄经济走廊建设的过程中,交通基础设施国际合作的案例包括策克口岸跨境铁路、中蒙"两山"铁路和莫斯科—喀山高铁项目等。

策克口岸跨境铁路通道项目于 2016 年 5 月 26 日正式开工建设,铁路建设采用我国标准轨距,是我国实施"一带一路"倡议后,通往境外的第一条标轨铁路。策克口岸跨境铁路通道项目建成后,将与国内的京新铁路、临策铁路、嘉策铁路及拟建的额酒铁路相连,构成南联北开、东西贯通的能源输送网。向东通过乌里亚斯太,与北京—莫斯科铁路相连,向北经斯特口岸,与中西伯利亚欧洲铁路相连,最终经鹿特丹港入海,成为中蒙俄经济走廊的西翼和第四条欧亚大陆桥,为中国充分利用境外资源提供有力保障。建成后,策克口岸年过货量将突破 3000 万吨,其将成为中国第一大陆路口岸。

中蒙"两山"铁路是连接中国内蒙古阿尔山市和蒙古国东方省乔巴山市的国际铁路,建成后将形成珲春—长春—乌兰浩特—阿尔山—乔巴山市—俄罗斯赤塔,最后与俄罗斯远东铁路相连的一条新欧亚大陆桥。根据初步计划,"两山"铁路全长 476 公里,预计总投资 142 亿元,铁路按照国际一级标准建设,年运输能力约 1200 万吨。2016 年 11 月,"两山"铁路的后方通道白阿铁路、长白铁路如期转线贯通。

莫斯科—喀山高铁项目是中俄共建的"俄罗斯（莫斯科）—中国（北京）"欧亚高速运输走廊的重要组成部分，截至 2016 年 11 月，该高铁项目的勘察设计工作已基本完成。莫斯科—喀山高铁线路全长 770 公里，铁路最高设计时速 400 公里/小时，未来线路还将继续向东，经过叶卡捷琳堡、哈萨克斯坦首都阿斯塔纳至中国境内的乌鲁木齐，并最终融入中国"八纵八横"高速铁路网络。

虽然交通基础设施的互联互通取得了一定成果，但如果想充分发挥比较优势，激发中蒙俄经济走廊区域经济活力仍然存在挑战。原因在于：第一，蒙古国国内政治连续性及稳定性较差；第二，贸易结构单一且不平衡，投资与贸易主要集中在能源和矿产资源领域；第三，关税、技术标准及法规上的差异将增大投资成本、降低贸易效率。

二、新亚欧大陆桥经济走廊

新亚欧大陆桥的最东端为连云港，通过国内的陇海、兰新线连接到出境口岸阿拉山口，在中亚分北、中、南三路，最终到欧洲汇合，西端的出海口有荷兰的鹿特丹和比利时的安特卫普等，总长约为 10900 公里，辐射全世界 40 多个国家和地区，是连通亚欧大陆最近的国际运输通道。新亚欧大陆桥是丝绸之路经济带的重要载体，东西两端连接着太平洋与大西洋的两大港口城市，而其辽阔狭长的中间地带亦即亚欧腹地，除少数国家外，基本上都属于欠发达地区，特别是中国中西部、中亚地区，地域辽阔，资源富集，开发潜力巨大，新亚欧大陆桥的建设将极大促进亚欧大陆腹地的经济发展。

新亚欧大陆桥分为北、中、南三线，经由不同的国家和地区，最终与欧洲铁路网相连。其中北线由哈萨克斯坦的阿克斗卡站向北延伸，与原西伯利亚大铁路相连，进而连通北欧和西欧国家，途经的国家有俄罗斯、白俄罗斯、波兰等；中线由哈萨克斯坦的阿克斗卡站向南延伸，下行至吉尔吉斯斯坦，然后向西经乌兹别克斯坦、土库曼斯坦，到达里海，越过里海后到达阿塞拜疆的巴库，再经格鲁吉到达黑海，过海后到达保加利亚，通过罗马尼亚、匈牙利等通往中欧；南线由土库曼斯坦继续向南进入伊朗、土耳其，越过博斯鲁斯海峡后，到达保加利亚，并进一步通往欧洲各国，该线路还可以从土耳其继续向南到达中东及北非。

自新亚欧大陆桥开通运营以来，处于东端的连云港已经开通了至阿拉山口、喀什、霍尔果斯、阿拉木图等地的多条出入境通道，极大地促进了亚欧大陆运输业的发展。同时，往来于新亚欧大陆桥沿线各国的中欧班列也为中国与欧洲、中亚地区的贸易往来打开了便捷通道，推动了亚欧大陆国家商品贸易的发展，为实现丝绸之路经济带的互联互通提供了运力保障。

新亚欧大陆桥沿线区域经济互补优势明显。一方面，它将日本、西欧等具有资金、技术和管理优势的国家和地区与人口众多、资源丰富的发展中国家连接在一起；另一方面，它将经济增长迅速、发展前景广阔的亚太地区市场与寻求增长动力与外来投资的欧洲市场结合在一起。新亚欧大陆桥经济走廊的建设，不仅为亚欧两大洲经济贸易交流提供了一条便捷的大通道，也为扩大亚太地区与欧洲的经贸合作，促进亚欧大陆经济的发展与繁荣提供了新的依托和动力。

但就目前情况来看，新亚欧大陆桥的建设和运营方面仍存在一些问题。第一，铁路技术标准一体化存在阻碍。实现技术标准一体化是提高运行效率的前提，但是新亚欧大陆桥沿线国家的铁路轨距标准存在一定的差异，产生了通关效率不高、货运成本增加、运输时间延长等问题。第二，沿线各国采用不同的运输法规体系。管理体系一体化的实现是运输平稳进行的保障，但目前各国缺乏信息联通机制，各运营方无法及时掌握货运信息，国际物流业务缺乏透明度，国际铁路联运没有形成统一的国际公约和协调机制。另外，由于负责大陆桥运输的沿线公司分别归属各国且组织结构松散，不存在产权上的关联，市场风险全部由始发国运营公司承担，无法有效调动沿线各国的积极性。第三，区域发展不均衡。沿线各国在经济规模、国际贸易总量上存在较大差距，导致货源流向不对称，货运列车难以实现对开，一些国家会着眼于眼前利益，认为铁路建设不足以带动国家经济发展而拒绝合作，使铁路基础设施建设陷入停滞状态。

面对存在的问题，如何依托便捷的铁路运输系统，推动沿线国家通关便利化、贸易便利化和投资便利化的实现，建设一条高效的经济大通道，是新欧亚大陆桥经济走廊建设的重要课题。

三、中国—中亚—西亚经济走廊

中国—中亚—西亚经济走廊从新疆出发，途经哈萨克斯坦、吉尔吉斯斯坦、塔吉克斯坦、乌兹别克斯坦、土库曼斯坦、伊朗、土耳其等国，抵达波斯湾、地中海沿岸和阿拉伯半岛，是丝绸之路经济带的重要组成部分。在中国—中亚—西亚经济走廊建设中，交通基础设施国际合作的案例包括卡姆奇克隧道项目、安卡拉至伊斯坦布尔高速铁路二期项目和瓦赫达特—亚湾铁路项目等。

卡姆奇克隧道是目前中国企业在乌兹别克斯坦承建的最大工程，是共建"一带一路"互联互通合作的示范性项目。该隧道全长19.2公里，位于乌兹别克斯坦纳曼干州巴比斯科地区，穿越库拉米山、库伊尼德及萨尼萨拉克萨伊河等复杂地质环境，是全长169公里的"安格连—帕普"电气化铁路的"咽喉"。该项目投资14.6亿美元，由中铁隧道集团有限公司承建。

安卡拉至伊斯坦布尔高速铁路（以下简称"安伊高铁"）二期工

程项目全长 158 公里，合同金额 12.7 亿美元，设计时速 250 公里，采用欧洲技术标准，由中国铁建总承包建设，全线于 2014 年 7 月 25 日正式开通运营。安伊高铁是土耳其国家铁路网规划中的主动脉构成部分，是连接土耳其两大城市的主要运输通道，对其铁路系统的发展具有重要意义，是响应我国"一带一路"倡议的标志性工程。该项目的成功实施，标志着中国在加强与土耳其及欧洲的合作对接方向走出了关键一步，同时也为中国高铁"走出去"提供了重要的示范作用，对深化中土两国双边经贸合作产生了长期而深远的影响。

瓦赫达特—亚湾铁路（以下简称"瓦亚铁路"）是中国铁建首次在塔吉克斯坦承揽的工程项目，也是中国铁路施工企业首次进入中亚铁路市场。瓦亚铁路全长 48.65 公里，总投资 7200 万美元，资金来源主要为我国政府援外优惠贷款。2015 年 5 月 15 日开工建设，2016 年 8 月 24 日正式建成通车，极大地提升了塔吉克斯坦与国内外的互联互通。

无论是新跨国交通基础设施的规划建设，还是对现有线路的升级改造，如何协调国家之间利益是中国—中亚—西亚经济走廊建设过程中的最大挑战，概括起来主要有以下几点：第一，宽轨与准轨的铁路轨距之争。尽管目前国际上主张使用准轨，但是中亚西亚地区仍主要使用宽轨，对铁路网建设形成了一定的障碍。第二，中亚西亚地区国家的局势复杂，不确定性使得这些地区的基础设施建设和国际贸易合作存在较大风险。第三，各国经济水平差距大，合作程度较低。中亚西亚地区油气资源丰富的国家人均 GDP 较高，在中亚五国中，哈萨克斯坦和土库曼斯坦 2019 年的人均 GDP 分别为 9812.6 美元和 7612.0 美元，而乌兹别克斯坦、吉尔吉斯斯坦、塔吉克斯坦同期人均 GDP 则分别为 1719.1 美元、1374.0 美元、890.5 美元，地区内部的发展存在很大差距。

四、中巴经济走廊

中巴经济走廊从南疆的喀什出发，越过喀喇昆仑山口，进入巴基斯坦境内，一直到达瓜达尔港。2013 年 5 月，中国国务院总理李克强在访问巴基斯坦期间提出了共建中巴经济走廊的设想，意图加强中巴之间交通、能源、海洋等领域的合作，打造一条北起喀什、南至巴基斯坦瓜达尔港的经济大动脉，推进互联互通。后来，随着"一带一路"构想的成熟，中巴经济走廊被纳入"一带一路"的总体规划。随着一系列建设项目的推进，中巴经济走廊北通丝绸之路经济带，南接 21 世纪海上丝绸之路，成为一条贯通南北丝绸之路倡议的枢纽，一条包括公路、铁路、油气和光缆通道在内的贸易走廊。在中巴经济走廊建设中，交通基础设施国际合作的案例包括喀喇昆仑公路二期改扩建工程（哈维连至塔科特段）、卡拉奇—拉合尔高速公路（苏库尔至木尔坦段）、巴基斯坦 ML－1 号铁路干线升级与哈维连陆港建设项目等。

喀喇昆仑公路是目前连接中国和巴基斯坦唯一的陆路交通通道，项目二期将在原有公路进行提升改造的基础上，逐渐将喀喇昆仑公路延伸至巴基斯坦腹地。喀喇昆仑公路升级改造二期项目于 2015 年 12 月签订商务合同，项目金额为 1339.8 亿卢比（约合 13.15 亿美元），中国路桥工程有限责任公司负责项目建设。

卡拉奇—拉合尔高速公路（苏库尔至木尔坦段）是连接巴基斯坦南北的经济大动脉。2016 年 5 月 6 日该项目正式开工，项目线路全长 393 千米，项目合同价值共计 2943 亿卢比（约合 28.9 亿美元），由中国进出口银行提供融资支持，承建方是中国建筑股份有限公司。作为中巴经济走廊框架下最大的交通基础设施项目，卡拉奇—拉合尔高速公路项目建成后将极大改善巴基斯坦两大城市之间的交通状况，有力促进巴基斯坦经济社会发展。与此同时，该条公路能将巴基斯坦南部瓜达尔港经卡拉奇同中国西部城市喀什相连，有助于巴基斯坦同中国、伊朗、阿富汗、中亚国家等的互联互通。

巴基斯坦1号铁路干线从卡拉奇向北经拉合尔、伊斯兰堡至白沙瓦，全长1726公里，是巴基斯坦最重要的南北铁路干线。哈维连站是巴基斯坦铁路网北端尽头，规划建设由此向北延伸经中巴边境口岸红其拉甫至喀什铁路，哈维连拟建陆港，主要办理集装箱业务。1号铁路干线的升级和哈维连陆港的建设，是中巴经济走廊远景规划联合合作委员会确定的，中巴经济走廊交通基础设施领域优先推进的项目。该铁路升级项目初期投入约40亿美元，总投资达60亿美元。

尽管中国和巴基斯坦正在努力推进经济走廊建设，但仍然面临一些问题：第一，安全形势面临挑战。目前，南亚、西亚、中亚地区形势并不稳定，同时，巴基斯坦国内也存在一定的安全威胁和恐怖主义。第二，资金、技术的限制。中巴经济走廊沿线地形复杂、路程较长，导致在资金和技术的支持方面存在一定的限制。第三，沿线地区经济基础薄弱，产业不发达，人流、物流、资金流相对贫乏，使得中巴经济走廊建设对沿线地区经济的带动作用产生较大的不确定性。

五、孟中印缅经济走廊

孟中印缅经济走廊缘起于20世纪90年代云南学术界提出的中印缅孟地区经济合作构想。1999年，四国在昆明举行了第一次经济合作大会，共同签署《昆明倡议》。2013年5月，李克强总理在访问印度期间正式提出推进孟中印缅经济走廊建设，得到了印度、孟加拉国和缅甸三国的积极响应，成立了孟中印缅经济走廊联合工作组，并召开协调会议，就经济走廊发展前景、优先合作领域和机制建设等进行了深入讨论，签署了会议纪要和孟中印缅经济走廊联合研究计划，正式建立了四国政府推进孟中印缅合作的机制。2014 年 9 月 18 日，习近平主席在访问印度期间，中印发表《中印联合声明》，共同倡议继续推进孟中印缅经济走廊建设。在孟中印缅经济走廊建设中，交通基础设施国际合作的案例包括帕德玛大桥、卡纳普里河底隧道项目、达卡国际机场高架快速路、中缅油气管道项目等。

帕德玛大桥位于孟加拉国南部，是连接中国与东南亚泛亚铁路重要通道之一，是"一带一路"倡议的重要交通支点工程，被孟加拉国人民称为"梦想之桥"，全长 6.15 公里。帕德玛大桥的建成不仅将结束孟加拉国南部 21 个区与首都达卡之间居民摆渡往来的历史，对深化中国与南亚及周边国家合作也具有重要作用。

卡纳普里河底隧道位于孟加拉国吉大港市卡纳普里河入海口处，连接卡纳普里河东西两岸，路线全长 9.3 公里，设计时速为 80 公里，预计 2022 年 12 月 4 日建成通车。卡纳普里河底隧道项目由中国交通建设股份有限公司承建，中国路桥工程有限责任公司负责实施，项目总承包额为 7 亿美元，预计工期 5 年。卡纳普里河底隧道是孟加拉国第一条隧道，将大大改善吉大港交通条件，带动孟加拉国经济发展，还将有助于完善亚洲公路网并促进孟加拉国与周边国家的互联互通，对于落实"一带一路"倡议、建设孟中印缅经济走廊具有重要意义。

孟加拉国达卡国际机场高架快速路项目全长近 20 公里，从机场纵贯达卡市老商业区，至达卡市南部，连接吉大港公路。项目总投资 12.63 亿美元，由山东高速集团下属的山东对外经济技术合作集团有限公司、中国水电建设集团国际工程有限公司及泰国一家公司合作投资、建设和经营。项目建成后，将大幅减少当地居民出行时间，缓解达卡市区交通拥堵，有利于促进当地经济发展，对建设孟中印缅经济走廊具有重要意义。

中缅油气管道项目由天然气管道和原油管道两个组成，天然气管道起点为缅甸皎漂，原油管道起点为西海湾马德岛，从中国西南边陲瑞丽入境，接入保山后，借由澜沧江跨越工程连接大理，继而经由楚雄进入昆明。中缅天然气管道干线全长 2520 公里，缅甸段 793 公里，国内段 1727 公里；原油管道全长 771 公里。天然气管道设计输量 120 亿立方米/年，原油管道缅甸段设计输量 2200 万吨/年。中缅原油管道项目的建成，标志着中国的东北（中俄原油管道）、西北（中亚天然气管道）、西南陆上（中缅油气管道）和海上（经过马六甲海峡的海上通道）四大油气进口通道的战略格局已初步成型，有利于实现石油运输渠道多元化，保障中国能源供应安全。中缅油气管道项目已发展成为中缅两国能源合作的重要平台，成为孟中印缅经济走廊和中国与东盟国家开展基础设施建设互联互通的先导项目。

虽然孟中印缅经济走廊的建设取得了一定的成果，但是仍然面临一些问题：第一，对于建设经济走廊，各方态度并不相同。印度的态度比较消极，各事项仍未有实质性进展；孟加拉国态度较为积极，但经济实力不足；缅甸国内政治环境不稳定，导致其对于经济走廊的态度存在变化的可能性。第二，孟中印缅各国在选择经济走廊具体走向方面存在分歧与矛盾，这种分歧对经济走廊的建设极其不利，增加了经济走廊建设的不确定性。

六、中国—中南半岛经济走廊

随着中国与东盟自由贸易区的发展，中国珠三角经济圈与中南半岛国家的经济联系日益密切，在中国—东盟命运共同体架构下，一条连接珠三角经济圈与中南半岛国家的经济走廊开始形成。该经济走廊东起珠三角经济区沿南广高速公路、桂广高速铁路，经南宁、凭祥、河内至新加坡，将以沿线中心城市为依托，以铁路、公路为载体和纽带，以人流、物流、资金流、信息流为基础，加快形成优势互补、区域分工、联动开发、共同发展的区域经济体，开拓新的战略通道和战略空间。目前，两广地区已经在积极推进沿线大城市间的合作，并通过产业园区开发和基础设施互联互通，推进经济大通道的形成，特别是沿线国际性交通运输大通道的建设，把中国与东盟更加紧密地联系在一起。在中国—中南半岛经济走廊建设中，交通基础设施国际合作的案例包括雅万高铁建设项目、中老铁路建设项目等。

雅万高铁连接印度尼西亚首都雅加达和第四大城市万隆，全长142 公里，项目投资额 51.35 亿美元，设计速度为 350 千米/小时，运行速度为 300 千米/小时。我国和印度尼西亚全面合作的雅万高铁作为印尼和东南亚地区的首条高铁，是我国高速铁路全方位整体"走出去"的第一单，是国际上首个由政府搭台，两国企业进行合作建设、管理、运营的高铁项目，是对接中国提出的建设"21 世纪海上丝绸之路"倡议和印度尼西亚"全球海洋支点"构想的重大成果，创造了中国和印度尼西亚务实合作的新纪录，树立了两国基础设施和产能领域合作的新标杆。

中老铁路项目北起中国老挝边境的磨憨/磨丁，南至老挝首都万象市，途经老挝孟塞、琅勃拉邦、万荣等主要城市，全长418 公里，项目总投资约 374 亿元。2015 年 11 月，中老两国政府正式签署《关于铁路基础设施合作开发和中老铁路项目的协定》，标志中老铁路项目正式落地生效。中老铁路是泛亚铁路中的重要组成部分，对构建印度洋出口新通道，加强中国与老挝、泰国的经贸合作，促进中国与东盟自由贸易区建设，发挥中国铁路整体输出的示范和引领作用，带动沿线地区经济社会发展具有十分重要的意义。

虽然中国—中南半岛经济走廊的交通基础设施建设和合作取得了一定进展，但大部分项目的推进都要经过很漫长的过程。原因在于：第一，资金缺口大。在世界经济低迷的情况下，各国普遍存在资金不足的情况。第二，标准不统一。中国境内是标准轨距铁路，境外除越南境内少量的路段采用标准轨距外，其他中南半岛国家铁路均为窄轨铁路，客货运输换车成本高，短期内难以实现直通。第三，地缘政治复杂，国际博弈激烈。沿线国家在通关、边检等问题上利益难以协调，同时，欧美、日本等国家和地区的介入也给相关项目的建设和合作增添了不确定性。

总之，经济走廊是丝绸之路经济带建设的重要依托，建设六大经济走廊将是丝绸之路经济带建设的关键工程。在推进六大经济走廊建设过程中，要以交通基础设施的互联互通为核心，积极推动交通基础设施的整合，引导丝绸之路经济带沿线各国在交通基础设施建设方面的国际合作。

第四节　丝绸之路经济带交通基础设施国际合作对策

我国主要通过建设经济走廊的形式推动丝绸之路经济带交通基础设施国际合作。其中，一个可行性的办法是依托中国经济发展的不同区域，确立中国某一特定经济区域为引领某一经济走廊发展的增长极，通过发挥中心城市的引领作用，打开通往不同方向经济走廊的门户。具体来说，建设六大经济走廊，需要在三大门户地区进行具体部署以探讨丝绸之路经济带交通基础设施国际合作的对策。

一是东北门户。中蒙俄经济走廊是中国东北方向对外开放的重要经济通道，其成功的关键在于环渤海经济圈和蒙古国、俄罗斯远东地区经济发展之间的互联互通。要想建成这一经济走廊，最重要的是打开中国向北开放的门户，充分发挥沿线中心城市和支点城市的引领作用，比如哈尔滨、呼和浩特两个地区经济增长极。一方面，要推动哈尔滨与长春、沈阳、大连的东北经济带开发，推动呼和浩特与呼包鄂榆城市群的整合以及与京津冀协同发展的整合，打通与环渤海经济圈的联系，积极融入环渤海经济圈，增强中蒙俄经济走廊的带动能力；另一方面，也要加强东北城市群与沿边支点城市的经济联系，比如满洲里与俄罗斯赤塔、黑河与俄罗斯布拉戈维申斯克、绥芬河与海参崴、二连浩特与乌兰巴托等，增强经济联动能力。

二是西北门户。新亚欧大陆桥经济走廊、中巴经济走廊和中国—中亚—西亚经济走廊在中国境内的新疆实现了"三廊合一"。新疆是丝绸之路经济带的核心区，要从经济走廊西北门户建设的角度，把新疆建设为面向中亚、南亚、西亚国家的通道、商贸物流枢纽、重要产业和人文交流基地。

实现这一经济走廊联通的关键是充分发挥新疆中心城市乌鲁木齐的引领作用和边境城市阿拉山口、霍尔果斯、喀什的支点作用。除了巩固传统的能源、农业等领域的合作外，还要加快特色旅游、高端装备制造、信息科技等领域的发展。乌鲁木齐定位于亚欧经贸合作试验区；霍尔果斯口岸作为我国第一个跨境合作区，承担沿边地区发展桥头堡的重任；喀什综合保税区已通过国家验收，临空经济区也使喀什成为空中丝绸之路的重要节点。

三大经济走廊以交通基础设施为连通载体，通过突破地理区位限制，实现国土的全面开放、区域的均衡发展，将西部丰富的自然资源、巨大的市场潜能，同东部充足的资金、先进的技术相结合，形成经济通道进行产业转移，实现社会资源的最优匹配，发掘新的经济支撑点。以内陆开放破解梯度发展带来的发展不均衡难题，将传统腹地打造成开放前沿；以构建城市群的方式提升中心城市的影响力，增强城市间的联动性和协调性。

三是西南门户。孟中印缅经济走廊主要涉及云南省，自20世纪90年代以来，"向西南开放"成为云南省的发展战略。云南提出并推进中国连接东南亚、南亚国际大通道建设，确立了面向印度洋开放的战略，即以东南亚、南亚为重点，辐射印度洋沿岸，延伸至西亚等广大区域。加快建设外接东南亚、南亚，内连西南及东中部腹地的综合交通运输体系、能源管道网络、物流通道和通信设施，构筑陆上大通道，并与珠三角经济圈积极对接，为孟中印缅经济走廊提供强大的动力。

广西是面向中国—中南半岛经济走廊的门户，同时也是21世纪海上丝绸之路与丝绸之路经济带有机衔接的枢纽。一方面，广西要融入珠三角经济圈，加强与云南、贵州、广东、海南的协调合作，增强自身带动中国—中南半岛经济走廊的能力；另一方面，要以中国—东盟博览会为平台，加强广西各城市与越南、老挝、柬埔寨、泰国、马来西亚、新加坡等沿线国家各城市的经济合作网络建设，推动区域经济合作进程。

第五节　本章小结

首先，本章进行了丝绸之路经济带交通基础设施国际合作的机理分析。丝绸之路经济带沿线各国在交通基础设施上开展的国际合作主要是通过发展经济走廊的形式，即丝绸之路经济带交通基础设施的国际合作本质上就是经济走廊的建设。通过建设丝绸之路经济带沿线路域经济走廊，实现以点带面，从线到片。具体包括中蒙俄、新亚欧大陆桥、中国—中亚—西亚、中国—中南半岛、中巴、孟中印缅六大经济走廊。

其次，本章基于六大经济走廊的实践案例，对丝绸之路经济带交通基础设施的国际合作项目进行了分析。在六大经济走廊的规划建设过程中，通过国际合作开展了很多交通基础设施工程项目，为丝绸之路经济带沿线国家的经济发展做出了巨大贡献，对于落实"一带一路"倡议、建设六大经济走廊也具有重要意义。

　　最后，关于丝绸之路经济带交通基础设施的国际合作，需要在我国经济发展的不同区域，确立引领某一经济走廊发展的增长极，通过发挥中心城市的引领作用，打开通往不同方向经济走廊的门户。具体来说，针对六大经济走廊，需要在东北、西北、西南三个门户地区进行具体部署。

第八章 结论与政策建议

第一节 结 论

本书基于丝绸之路经济带的发展战略，研究分析了丝绸之路经济带交通基础设施的空间效应，主要得到了以下结论：

结论一：交通基础设施空间效应机理分析方面。从新经济地理理论出发，考虑区域内"冰山运输成本"和区域间"冰山运输成本"，构建了基于"中心—外围"模型的修正的局部溢出模型（即 LS 模型），从理论的视角对丝绸之路经济带交通基础设施空间效应的机理进行了分析，总结出：改善区域内和区域间交通基础设施均会提升该地区的产业集中度，使得经济增长率上升。

结论二：丝绸之路经济带交通基础设施、产业、经济及贸易的发展方面。

（1）结合世界经济论坛发布的《2019 年全球竞争力报告》对丝绸之路经济带沿线国家的交通基础设施竞争力进行分析，发现：丝绸之路经济带沿线大部分国家在整体交通基础设施、公路单列、铁路单列等方面的竞争力都比较弱，与发达国家仍存在较大的差距；丝绸之路经济带沿线国家的交通基础设施竞争力存在较大的国别差异。

（2）首先，选取农业、工业及服务业的产业增加值占 GDP 的比重来分析丝绸之路经济带沿线国家的产业结构，发现从 2010 年至 2019 年，丝绸之路经济带农业和工业占 GDP 比重的平均值均呈现下降趋势，而服务业则呈现上升趋势。其次，利用区位熵对丝绸之路经济带三次产业集聚度的发展趋势以及细分产业的集聚度分别进行测算，发现存在较大的国别差异。

（3）首先，结合世界经济论坛发布的《2019 年全球竞争力报告》对丝绸之路经济带沿线国家的全球竞争力进行分析，作为反映各国经济发展情况的重要参考。结果发现丝绸之路经济带沿线国家中仅有 4 个国家排名位于全球前 30 名，其余国家的全球竞争力排名均比较靠后。其次，选取人均 GDP 和人均 GNI 对丝绸之路经济带沿线国家的经济发展情况进行分析。在人均 GDP 方面，丝绸之路经济带沿线国家人均 GDP 的平均值基本维持在 10000 ~ 13500 美元之间，整体经济发展水平较世界平均水平而言并不低，但与较高收入国家仍有很大差距，同时又存在一定的不稳定性。在人均 GNI 方面，丝绸之路经济带沿线各国的人均国民收入水平存在巨大差异，人均 GNI 最高的卡塔尔与最低的阿富汗相差约 110 倍。在发展趋势上，得益于整体国际经济形势的长期向好以及各国内部政治经济环境的稳定，大部分国家的人均 GNI 都呈现上升趋势，但由于国内政治经济环境的不稳定以及国际原油价格的下跌，部分国家的国民收入水平出现了下降的趋势。

（4）首先，从丝绸之路经济带沿线国家 2010 年和 2019 年的进出口贸易额及变化趋势进行分析，发现进口贸易额和出口贸易额均呈现增加的趋势。在贸易差额方面，丝绸之路经济带呈现贸易顺差的包括中国在内的 13 个国家，贸易顺差总额为 5809. 6 亿美元；呈现贸易逆差的包括印度在内的 15 个国家，贸易逆差总额为 1908. 6 亿美元。其次，利用贸易结合度指数对中国与丝绸之路经济带沿线其他国家的贸易关系进行量化测算，结果显示贸易结合度指数的平均值约为1.368，反映出中国与丝绸之路经济带沿线其他国家整体的贸易联系较为紧密。

结论三：交通基础设施空间溢出效应方面。以丝绸之路经济带为研究区域，基于空间杜宾模型，分别构建相邻权重矩阵（W_1）、地理距离权重矩阵（W_2）、经济空间权重矩阵（W_3），从整体和分区两个层级分析了丝绸之路经济带交通基础设施的空间溢出效应。得到的主要结论包括：

（1）经过 Moran's I 指数分析，在三种空间权重矩阵下，丝绸之路经济带沿线国家的人均 GDP 存在空间自相关，即丝绸之路经济带的经济发展在空间上呈现为集聚的趋势。

（2）从丝绸之路经济带的整体层面来看，在相邻权重矩阵 W_1 中，$\ln T$ 的间接效应（即空间溢出效应）约为直接效应的 4.71 倍；在地理距离权重矩阵 W_2 中，$\ln T$ 的间接效应约为直接效应的 4.30 倍；在经济空间权重矩阵 W_3 中，$\ln T$ 的间接效应约为直接效应的 5.73 倍。

（3）从丝绸之路经济带的分区层面来看，在各个区域，交通基础设施直接效应、间接效应和总效应均显著为正。在中亚—南亚—东亚区域，相邻权重矩阵 W_1 中 $\ln T$ 的间接效应约为直接效应的 3.20 倍；地理距离权重矩阵 W_2 中 $\ln T$ 的间接效应约为直接效应的 1.66 倍；经济空间权重矩阵 W_3 中 $\ln T$ 的间接效应约为直接效应的 1.96 倍。在独联体国家区域，相邻权重矩阵 W_1 中 $\ln T$ 的间接效应约为直接效应的 2.78 倍；地理距离权重矩阵 W_2 中 $\ln T$ 的间接效应约为直接效应的 3.67 倍；经济空间权重矩阵 W_3 中 $\ln T$ 的间接效应约为直接效应的 5.64 倍。在西亚—北非区域，相邻权重矩阵 W_1 中 $\ln T$ 的间接效应约为直接效应的 3.40 倍；地理距离权重矩阵 W_2 中 $\ln T$ 的间接效应约为直接效应的 8.01 倍；经济空间权重矩阵 W_3 中 $\ln T$ 的间接效应约为直接效应的 5.60 倍。

（4）关于产业集聚的变量 Q，在丝绸之路经济带的整体层面，其直接效应、间接效应和总效应的系数均显著为正，表明产业集聚对丝绸之路经济带沿线国家本国经济和周边国家的经济都具有正向的影响。印证了第三章机理分析中提高产业集聚会促进经济增长的结论。

结论四：交通基础设施与区域经济一体化方面。基于贸易引力模型实证分析了丝绸之路经济带整体、分区以及每个国家的边界效应值，以反映区域经济一体化的程度，进而分析交通基础设施在区域一体化中的影响作用。通过研究得出以下结论：

（1）经过实证分析，结果显示丝绸之路经济带整体的边界效应值介于 14~45 之间，而根据赫利韦尔（1998）的研究可知丝绸之路经济带的边界效应较为接近发展中国家的数据，也从侧面印证了丝绸之路经济带沿线国家多以发展中国家为主的事实。

（2）在分区域分析中，交通基础设施方面，$\ln T$ 的系数在中亚—南亚—东亚区域、独联体国家区域和西亚—北非区域分别为 1.0194、0.2119 和 0.1105，这表明交通基础设施对中亚—南亚—东亚区域贸易的影响作用最大，对独联体国家区域贸易的影响作用次之，对西亚—北非区域贸易的影响作用最小。边界效应值方面，中亚—南亚—东亚区域边界效应值最大，为 16.5007；独联体国家区域边界效应值次之，为 6.0660；西亚—北非区域边界效应值最低，为 3.1022。

（3）在国别分析中，科威特、中国、卡塔尔属于边界效应较小的三个国家，其中，科威特的边界效应值 1.14 为最小；土库曼斯坦、乌兹别克斯坦、阿塞拜疆属于边界效应较大的三个国家，其中，土库曼斯坦的边界效应值 73.77 为最大。

第二节 政 策 建 议

基于本书的研究可以发现，丝绸之路经济带交通基础设施对产业集聚、经济增长和区域经济一体化均会产生一定的影响。对于本书的研究最重要的政策启示是可以推动交通基础设施建设的规划更加合理，交通基础设施策略的制定更加有效。主要政策建议如下：

第一，对丝绸之路经济带交通基础设施的投入应持续增加。由于存在网络性和外部性的特征，交通基础设施不仅可以推动本国经济增长，还可以带动周边国家的经济增长，所以应该加强丝绸之路经济带沿线国家的交通基础设施建设。但是在此过程中，也应当注意丝绸之路经济带沿线国家存在较大国别差异的问题，需要因地制宜地采取有差别的措施。对于交通基础设施较为发达的国家，可以更多关注交通基础设施质量和运输网络效率的提升；对于交通基础设施较为落后的国家，可以给予一定的政策倾斜和资金扶持，帮助这些国家完成交通基础设施建设项目。此外，很多事实和证据已经表明高速铁路和高速公路对一个国家或地区的经济发展会产生巨大的带动作用，因此，需要考虑在丝绸之路经济带沿线国家建设更多高速铁路和高速公路的可能性。比如近几年，土耳其、俄罗斯、印度、印度尼西亚等国家都已经在建或者建成高速铁路，这些项目都为当地带去了极大的经济回报。

第二，交通基础设施建设应以优化产业布局为导向。由于交通基础设施可以促进产业集聚的形成，丝绸之路经济带沿线国家在进行交通基础设施建设时，除了作为一种经济投资外，还要着重分析其对于产业布局的影响作用。因此，在交通基础设施建设的过程中，需要在提升交通运输便利性的同时，做好产业发展上的规划，以推动资源的优化配置，加快生产要素的自由流动，为相关地区的产业发展提供更多的机会，创造更好的环境。与此同时也要注意到产业集聚过度的问题，如果存在产业集聚过度，产生的拥挤效应就会对经济产生负面影响。鉴于此种情况，在进行交通基础设施建设时，也要注意产业的集聚程度，对于产业集聚度较高的地区，应适当做好引导转移工作，将产业扩散转移到其他地区，以提升整体的经济效益。

第三，需要做到交通基础设施的可持续性建设。交通基础设施自身固有的特点之一是外部性，而外部性有正向和负向之分。其中负向的外部性，比如交通基础设施的建设会对环境造成一定的影响或污染，进而对经济发展带来负面影响。因此，在交通基础设施建设的过程中，需要重视可持续性发展，加强在环境方面的规制和约束，并重视交通基础设施"质"的提升，而不仅仅是"量"的增加，从政策到监管等多方面鼓励相关交通建设企业开展绿色创新和技术创新。

第四，对于丝绸之路经济带区域经济一体化的发展，首先，需要完善相关合作机制，为双边经济贸易的合作创造便利机会，使得丝绸之路经济带沿线国家加快开放型经济体制的建设。其次，丝绸之路经济带沿线国家应做好沟通，积极开展全方位的合作，消除贸易壁垒，加强流通协作。最后，根据本书的研究可知边界效应常被用来反映区域经济一体化的程度，而交通基础设施的建设可以在一定程度上降低边界效应。因此，需要在交通基础设施建设上推动更多跨国项目的规划和构思，积极落实互联互通，为丝绸之路经济带实现区域经济一体化奠定坚实的运输保障和物质基础。

第五，我国在丝绸之路经济带交通基础设施建设过程中，应该尽力发挥自身所具有的优势，比如资金、经验技术、行业产能以及人力资本等方面的优势。在资金方面，由于交通基础设施建设往往需要大量的资金，而丝绸之路经济带沿线大部分国家又不具备充足的资金储备，这时候就需要我国给予一定的扶持和帮助。在经验技术方面，我国通过诸多超级工程的建设积累了大量经验，并拥有了很多先进的工程技术，使得我国在交通基础设施建设方面具备了经验和技术的优势，可以为丝绸之路经济带沿线国家提供相应的支持。在行业产能方面，交通基础设施的建设主要涉及钢铁、水泥等方面的原材料需求，而我国在这些原材料的行业产能上具备相当大的优势，这可以为相关项目的建设提供便利并降低成本。在人力资本方面，根据教育部教育统计数据可知，2020 年我国普通本专科及以上学历的毕业生人数达到了 870 万人；此外，根据中国科学技术协会发布的《第四次全国科技工作者状况调查报告》可知，我国科技人力资源总量至 2016 年达到了 9154 万人，总量保持世界第一。如此庞大的人数，为我国推动丝绸之路经济带的建设奠定了人力资本方面的优势。最近几年，我国有很多工程建设方面的技术人员和施工人员参与到了丝绸之路经济带沿线国家的交通基础设施项目中，为这些项目的顺利实施提供了基本的人力保障。

附　录

附录一

一、关于 $q_1 = \dfrac{\mu Y_1 (\tau_1 p_0)^{-\sigma}}{P_n^{1-\sigma}}$ 和 $q_2 = \dfrac{\mu Y_2 (\tau p_0)^{-\sigma}}{P_n^{1-\sigma}}$ 的推导

以地区 1 为例，对制成品的消费函数为：

$$C_M = \left[\int_{i=0}^{N} q_i^{(\sigma-1)/\sigma} di \right]^{\sigma/(\sigma-1)}, \quad \sigma > 1 \qquad （附 1-1）$$

制成品的预算约束条件为：

$$\int_{i=0}^{N} p_i q_i di = \mu Y_1 \qquad （附 1-2）$$

其中，μ 表示消费者用于制成品的支出份额，μY_1 可以表示为地区 1 的消费者对于制成品的支出。

消费者实现效用最大化，需要建立拉格朗日方程：

$$L = \left[\int_{i=0}^{N} q_i^{(\sigma-1)/\sigma} di \right]^{\sigma/(\sigma-1)} + \lambda \left(\int_{i=0}^{N} p_i q_i di - \mu Y_1 \right)$$

令 $\dfrac{\partial L}{\partial q_i} = 0$，则可得：

$$\left[\int_{i=0}^{N} q_i^{(\sigma-1)/\sigma} di \right]^{1/(\sigma-1)} \cdot q_i^{-1/\sigma} = -\lambda p_i \qquad （附 1-3）$$

式（附 1-3）的两边同时进行（$-\sigma$）次方，可得：

$$\left[\int_{i=0}^{N} q_i^{(\sigma-1)/\sigma} di \right]^{-\sigma/(\sigma-1)} \cdot q_i = -(\lambda p_i)^{-\sigma} \qquad （附 1-4）$$

式（附 1-4）两边同时乘以 $\int_{i=0}^{N} p_i di$，再化简，可得：

$$\left[\int_{i=0}^{N} q_i^{(\sigma-1)/\sigma}di\right]^{-\sigma/(\sigma-1)} \cdot \int_{i=0}^{N} p_i q_i di = -\lambda^{-\sigma} \cdot \int_{i=0}^{N} p_i^{1-\sigma}di$$

$$（附 1-5）$$

根据式（附1-2）和式（附1-5），可得：

$$\left[\int_{i=0}^{N} q_i^{(\sigma-1)/\sigma}di\right]^{-\sigma/(\sigma-1)} \cdot \mu Y_1 = -\lambda^{-\sigma} \cdot \int_{i=0}^{N} p_i^{1-\sigma}di \quad （附 1-6）$$

将式（附1-4）和式（附1-6）相除，可得：

$$q_i = \frac{\mu Y_1 p_i^{-\sigma}}{\int_{i=0}^{N} p_i^{1-\sigma}di} \qquad （附 1-7）$$

可以将 $\int_{i=0}^{N} p_i^{1-\sigma}di$ 视作价格指数 P_I 的 $(1-\sigma)$ 次方。由于地区1的制成品在地区1的销售存在区域内运输成本 τ_1，在地区2的销售存在区域间运输成本 τ。所以，可推出地区1的制成品在地区1和地区2的销售量为：

$$q_1 = \frac{\mu Y_1 (\tau_1 p_0)^{-\sigma}}{P_{I1}^{1-\sigma}}, \quad q_2 = \frac{\mu Y_2 (\tau p_0)^{-\sigma}}{P_{I1}^{1-\sigma}} \qquad （附 1-8）$$

二、关于 $p_0 = \dfrac{l_M w_L \sigma}{\sigma-1}$ 的推导

由上面的推导过程，我们可以得知 $q_i = \dfrac{\mu Y_1 p_i^{-\sigma}}{\int_{i=0}^{N} p_i^{1-\sigma}di}$，以地区1生产的第 i 种制成品为例，通常可以将单个产品的价格对整体价格指数的影响忽略，即可以将 $\dfrac{1}{\int_{i=0}^{N} p_i^{1-\sigma}di}$ 视为常数，此外，μY_1 也可以被假定常数，那么第 i 种制成品在地区1和地区2的销售量可以分别写成 $q_{i1} = c_1 (\tau_1 p_0)^{-\sigma}$，$q_{i2} = c_2 (\tau p_0)^{-\sigma}$，其中 c_1 和 c_2 为常数，第 i 种制成品的产量可以写成：

$$x_i = \tau_1 q_{i1} + \tau q_{i2} = \tau_1 c_1 (\tau_1 p_0)^{-\sigma} + \tau c_2 (\tau p_0)^{-\sigma} = (\tau_1^{1-\sigma} c_1 + \tau^{1-\sigma} c_2) p_0^{-\sigma}$$

$$（附 1-9）$$

生产第 i 种制成品的企业的利润为:

$$p_0 x_i - (\pi + l_M w_L x_i) \qquad (\text{附} 1 - 10)$$

为了实现企业的利润最大化,建立拉格朗日方程:

$$L = p_0 x_i - (\pi + l_M w_L x_i) + \lambda \left[x_i - (\tau_1^{1-\sigma} c_1 + \tau^{1-\sigma} c_2) p_0^{-\sigma} \right]$$

$$(\text{附} 1 - 11)$$

令

$$\frac{\partial L}{\partial x_i} = p_0 - l_M w_L + \lambda = 0 \qquad (\text{附} 1 - 12)$$

$$\frac{\partial L}{\partial p_0} = x_i + \lambda \sigma (\tau_1^{1-\sigma} c_1 + \tau^{1-\sigma} c_2) p_0^{-\sigma-1} = 0 \qquad (\text{附} 1 - 13)$$

将式(附 1 – 9)代入式(附 1 – 13),可得:

$$\lambda = -\frac{p_0}{\sigma} \qquad (\text{附} 1 - 14)$$

将式(附 1 – 14)代入式(附 1 – 12),可得:

$$p_0 = \frac{l_M w_L \sigma}{\sigma - 1} \qquad (\text{附} 1 - 15)$$

附录二 2019 年丝绸之路经济带沿线国家的分指标全球竞争力指数

国家	行政结构	基础设施	数字信息化程度	宏观经济稳健性	人力资源健康	人力资源技能	商品市场	劳动力市场	金融系统	市场规模	商业活力	创新能力
中国	56.8 (58)	77.9 (36)	78.5 (18)	98.8 (39)	87.8 (40)	64.1 (64)	57.6 (54)	59.2 (72)	75.0 (29)	100.0 (1)	66.4 (36)	64.8 (24)
蒙古国	49.8 (90)	56.6 (101)	46.5 (96)	66.7 (120)	63.3 (106)	56.5 (95)	50.0 (106)	64.0 (42)	50.5 (108)	41.8 (103)	53.3 (108)	32.3 (93)
巴基斯坦	47.7 (107)	55.6 (105)	25.2 (131)	68.7 (116)	56.3 (115)	40.8 (125)	45.5 (126)	51.3 (120)	55.0 (99)	71.2 (29)	63.3 (52)	35.8 (79)
印度	56.8 (59)	68.1 (70)	32.1 (120)	90.0 (43)	60.5 (110)	50.5 (107)	50.4 (101)	53.9 (103)	69.5 (40)	93.7 (3)	60.0 (69)	50.9 (35)
哈萨克斯坦	55.6 (64)	68.3 (67)	68.0 (44)	86.2 (60)	71.0 (95)	67.5 (57)	55.7 (62)	67.8 (25)	53.1 (104)	63.4 (45)	66.6 (35)	32.0 (95)
吉尔吉斯斯坦	49.0 (93)	55.8 (103)	58.8 (65)	75.0 (74)	73.3 (90)	58.6 (87)	48.0 (115)	58.4 (81)	50.0 (112)	36.3 (125)	58.6 (78)	26.2 (129)
塔吉克斯坦	51.7 (78)	60.6 (91)	31.8 (121)	72.4 (98)	66.6 (99)	63.2 (71)	54.6 (70)	59.8 (71)	48.8 (117)	36.4 (123)	54.8 (100)	28.0 (120)

续表

国家	行政结构	基础设施	数字信息化程度	宏观经济稳健性	人力资源健康	人力资源技能	商品市场	劳动力市场	金融系统	市场规模	商业活力	创新能力
俄罗斯	52.6 (74)	73.8 (50)	77.0 (22)	90.0 (43)	69.2 (97)	68.3 (54)	52.9 (87)	61.0 (62)	55.7 (95)	84.2 (6)	63.1 (53)	52.9 (32)
乌克兰	47.9 (104)	70.3 (57)	51.9 (78)	57.9 (133)	65.6 (101)	69.9 (44)	56.5 (57)	61.4 (59)	42.3 (136)	63.0 (47)	57.2 (85)	40.1 (60)
格鲁吉亚	61.0 (43)	67.6 (73)	63.7 (55)	74.4 (84)	74.4 (87)	69.8 (46)	58.4 (48)	65.3 (37)	56.2 (91)	41.6 (104)	62.2 (58)	32.7 (91)
阿塞拜疆	58.5 (49)	77.4 (38)	55.1 (73)	70.0 (103)	68.9 (98)	69.8 (48)	64.3 (23)	69.4 (21)	55.4 (96)	54.0 (67)	71.5 (23)	38.3 (68)
亚美尼亚	56.2 (62)	69.4 (60)	62.0 (59)	75.0 (64)	80.7 (68)	66.8 (61)	59.1 (44)	66.4 (32)	60.2 (69)	37.5 (118)	62.5 (57)	39.4 (62)
摩尔多瓦	51.4 (81)	66.2 (76)	66.8 (48)	73.4 (94)	71.9 (94)	61.5 (74)	55.0 (68)	61.9 (56)	46.8 (124)	36.1 (127)	60.1 (68)	29.9 (109)
伊朗	42.5 (120)	64.8 (80)	50.8 (84)	52.2 (134)	80.4 (72)	57.9 (92)	41.6 (133)	41.3 (140)	47.5 (123)	74.1 (21)	44.3 (132)	38.0 (71)
土耳其	53.9 (71)	74.3 (49)	57.8 (69)	61.3 (129)	87.1 (42)	60.8 (78)	54.1 (78)	52.9 (109)	61.2 (68)	79.0 (13)	58.8 (75)	44.5 (49)

续表

国家	行政结构	基础设施	数字信息化程度	宏观经济稳健性	人力资源健康	人力资源技能	商品市场	劳动力市场	金融系统	市场规模	商业活力	创新能力
约旦	59.8（46）	67.4（74）	51.0（82）	69.8（111）	86.7（45）	67.2（58）	55.8（61）	57.7（84）	71.6（33）	48.8（80）	56.6（88）	38.8（64）
黎巴嫩	44.4（113）	61.3（89）	46.7（95）	66.5（121）	82.0（59）	64.2（63）	51.2（99）	54.4（100）	64.7（53）	48.6（81）	53.0（110）	38.5（66）
以色列	65.6（27）	83.0（23）	67.6（45）	100.0（1）	98.1（9）	79.6（14）	61.8（32）	71.1（18）	80.6（23）	59.8（56）	79.6（4）	74.2（15）
沙特阿拉伯	63.2（37）	78.1（34）	69.3（38）	100.0（1）	82.2（58）	75.3（25）	64.9（19）	56.6（89）	70.7（38）	76.3（17）	53.1（109）	50.6（36）
也门	29.0（140）	33.9（135）	17.6（139）	34.4（138）	52.3（121）	35.6（134）	46.1（123）	40.9（141）	29.0（141）	44.5（94）	37.4（136）	25.3（130）
阿曼	62.3（39）	80.5（28）	58.1（66）	67.4（119）	80.7（69）	71.5（38）	63.1（26）	55.7（97）	63.9（59）	55.9（62）	62.8（56）	41.2（57）
阿联酋	73.3（15）	88.5（12）	91.9（2）	100.0（1）	72.2（92）	70.6（39）	71.7（4）	66.2（34）	73.8（31）	70.3（32）	69.3（31）	52.3（33）
卡塔尔	63.2（35）	81.6（24）	83.8（8）	98.6（40）	88.6（39）	70.5（50）	66.8（13）	63.4（47）	81.3（22）	60.4（53）	66.0（39）	50.0（38）

续表

国家	行政结构	基础设施	数字信息化程度	宏观经济稳健性	人力资源健康	人力资源技能	商品市场	劳动力市场	金融系统	市场规模	商业活力	创新能力
科威特	55.6 (65)	68.4 (66)	69.6 (37)	100.0 (1)	96.1 (12)	61.3 (77)	57.9 (51)	54.3 (101)	71.6 (34)	60.1 (54)	56.1 (94)	30.3 (108)
巴林	62.9 (38)	78.4 (31)	67.2 (46)	68.3 (117)	86.9 (44)	68.7 (52)	65.1 (18)	66.4 (33)	71.3 (37)	46.3 (90)	64.3 (48)	38.7 (65)
埃及	51.3 (82)	73.1 (52)	40.6 (106)	44.7 (135)	65.0 (104)	54.2 (99)	50.7 (100)	49.5 (126)	56.1 (92)	73.6 (23)	56.1 (95)	39.6 (61)
平均	54.69	69.27	57.28	75.45	75.68	63.26	56.11	58.85	60.07	59.87	59.88	40.97

参 考 文 献

[1] 阿弗里德·马歇尔. 经济学原理 [M]. 廉运杰, 译. 北京: 华夏出版社, 2005.

[2] 安虎森. 新经济地理学原理 (第二版) [M]. 北京: 经济科学出版社, 2009.

[3] 罗伯特·J. 巴罗, 萨拉·伊·马丁. 经济增长 (第二版) [M]. 夏俊, 译. 上海: 格致出版社, 2010.

[4] 波特. 国家竞争优势 [M]. 北京: 中信出版社, 2012.

[5] 曹小曙, 李涛, 杨文越, 等. 基于陆路交通的丝绸之路经济带可达性与城市空间联系 [J]. 地理科学进展, 2015, 34 (6): 657-664.

[6] 曹跃群, 赵世宽, 郭鹏飞, 王正攀. 中东欧国家交通基础设施的空间溢出及投入效率研究 [J]. 统计与信息论坛, 2021, 36 (9): 65-76.

[7] 车探来. 丝绸之路经济带铁路互联互通: 推进路径与前景展望 [J]. 国际经济合作, 2017 (3): 40-43.

[8] 陈建军, 胡晨光. 产业集聚的集聚效应: 以长江三角洲次区域为例的理论和实证分析 [J]. 管理世界, 2008 (6): 68-83.

[9] 陈建军, 郑广建, 刘月. 高速铁路对长江三角洲空间联系格局演化的影响 [J]. 经济地理, 2014, 34 (8): 54-60.

[10] 陈子真, 欧国立. 新疆交通基础设施与经济增长的关系:

基于 VAR 模型分析 [J]. 中央民族大学学报（哲学社会科学版），2015 (2)：111 – 116.

[11] 程必定. 区域经济学 [M]. 合肥：安徽人民出版社，1989.

[12] 邓永波. 京津冀产业集聚与区域经济协调发展研究 [D]. 北京：中共中央党校，2017.

[13] 丁黄艳. 长江经济带基础设施发展与经济增长的空间特征：基于空间计量与面板门槛模型的实证研究 [J]. 统计与信息论坛，2016 (1)：24 – 32.

[14] 董洪超，蒋伏心. 交通基础设施对中国区域市场一体化的影响研究：基于动态面板模型的实证分析 [J]. 经济问题探索，2020 (5)：26 – 39.

[15] 董锁成，黄永斌，李泽红，石广义，毛琦梁，李俊，于会录. 丝绸之路经济带经济发展格局与区域经济一体化模式 [J]. 资源科学，2014，36 (12)：2451 – 2458.

[16] 范九利，白暴力. 基础设施投资与中国经济增长的地区差异研究 [J]. 人文地理，2004，19 (2)：25 – 30.

[17] 方领，王保喜. 铁路基础设施外溢效应的区域比较研究：来自中国省域面板数据的证据 [J]. 浙江社会科学，2021 (2)：21 – 30 + 155 – 156.

[18] 冯·图能. 孤立国同农业国和国民经济的关系 [M]. 北京：商务出版社，1997.

[19] 冯宗宪. 中国和"一带一路"沿线国家的区域经济合作发展 [M]. 西安：西安交通大学出版社，2017.

[20] 高峰. 中国基础设施服务、专业化与区域经济增长的实证研究 [J]. 生产力研究，2007 (8)：48 – 49.

[21] 高凤莲，段会娟. 集聚、产业结构类型与区域经济增长：

基于我国省级面板数据的分析 [J]. 中央财经大学学报，2010（10）：59 - 64.

[22] 格林沃尔德. 现代经济词典 [M]. 北京：商务印书馆，1981.

[23] 郭庆旺，贾俊雪. 基础设施投资的经济增长效应 [J]. 经济理论与经济管理，2006（3）：36 - 41.

[24] 郭晓黎. 我国交通基础设施对区域经济增长的空间溢出效应：基于省域数据的实证研究 [D]. 北京：北京交通大学，2014.

[25] 郭晓黎，李红昌. 交通基础设施对区域经济增长的空间溢出效应研究 [J]. 统计与决策，2017（4）：130 - 133.

[26] 郝凤霞，张诗葭. 长三角城市群交通基础设施、经济联系和集聚：基于空间视角的分析 [J]. 经济问题探索，2021（3）：80 - 91.

[27] 何敏，郭宏宇，竺彩华. 基础设施互联互通对中国东盟贸易的影响：基于引力模型和边界效应模型的研究 [J]. 国际经济合作，2015（9）：56 - 63.

[28] 何雄浪，张泽义. 边界效应、国内市场一体化与区域壁垒 [J]. 工业技术经济，2014（10）：58 - 67.

[29] 胡鞍钢，刘生龙. 交通运输、经济增长及溢出效应：基于中国省际数据空间经济计量的结果 [J]. 中国工业经济，2009（5）：5 - 14.

[30] 黄森. 空间视角下交通基础设施对区域经济的影响研究 [D]. 重庆：重庆大学，2014.

[31] 黄寿峰，王艺明. 我国交通基础设施发展与经济增长的关系研究：基于非线性 Granger 因果检验 [J]. 经济学家，2012（6）：28 - 34.

[32] 黄晓燕，秦放鸣. 中国—中亚—西亚经济走廊建设：基

础、挑战与路径 [J]. 改革与战略, 2018 (2): 68 – 73.

[33] 黄言, 宗会明, 杜瑜, 易峥. 交通网络建设与成渝城市群一体化发展: 基于交通设施网络和需求网络的分析 [J]. 长江流域资源与环境, 2020, 29 (10): 2156 – 2166.

[34] 霍强, 蒋冠. 中国—东盟自贸区框架下的沿边开发开放与边界效应演化: 基于全国和广西、云南的数据分析 [J]. 广西社会科学, 2017 (8): 43 – 46.

[35] 江三良, 尹志勤. 交通基础设施溢出效应的研究: 基于三重产业集聚视角 [J]. 重庆社会科学, 2021 (6): 33 – 42.

[36] 金江. 交通基础设施与经济增长: 基于珠三角地区的空间计量分析 [J]. 华南师范大学学报 (社会科学版), 2012 (1): 125 – 129.

[37] 金煜, 陈钊, 陆铭. 中国的地区工业集聚: 经济地理、新经济地理与经济政策 [J]. 经济研究, 2006 (4): 79 – 89.

[38] 李波. 贸易便利化、产业集聚与企业绩效 [D]. 昆明: 云南大学, 2016.

[39] 李涵, 唐丽淼. 交通基础设施投资、空间溢出效应与企业库存 [J]. 管理世界, 2015, (4): 126 – 136.

[40] 李红昌, 胡顺香. 中国高速铁路对沿线城市经济集聚与均等化的影响 [J]. 数量经济技术经济研究, 2016, 33 (11): 127 – 143.

[41] 李郇, 徐现祥. 边界效应的测定方法及其在长江三角洲的应用 [J]. 地理研究, 2006, 25 (5): 792 – 802.

[42] 李强, 郑江淮. 基础设施投资真的能促进经济增长吗?: 基于基础设施投资 "挤出效应" 的实证分析 [J]. 产业经济研究, 2012 (3): 50 – 58.

[43] 李祯琪, 欧国立, 卯光宇. 公路交通基础设施与区域经济

发展空间关联研究 [J]. 云南财经大学学报，2016（1）：51－60.

[44] 李忠民，刘育红，张强."新丝绸之路"交通经济带经济增长的实证研究 [J]. 经济问题，2011（1）：77－80.

[45] 梁双陆，梁巧玲. 交通基础设施的产业创新效应研究：基于中国省域空间面板模型的分析 [J]. 山西财经大学学报，2016（7）：60－72.

[46] 梁双陆，张梅. 基础设施互联互通对我国与周边国家贸易边界效应的影响 [J]. 亚太经济，2016（1）：101－106.

[47] 刘秉镰，武鹏，刘玉海. 交通基础设施与中国全要素生产率增长 [J]. 中国工业经济，2010（3）：54－64.

[48] 刘秉镰，赵金涛. 中国交通运输与区域经济发展因果关系的实证研究 [J]. 中国软科学，2005（6）：101－106.

[49] 刘生龙，胡鞍钢. 交通基础设施与经济增长：中国区域差距的视角 [J]. 中国工业经济，2010（4）：14－23.

[50] 刘生龙，胡鞍钢. 交通基础设施与中国区域经济一体化 [J]. 经济研究，2011（3）：72－82.

[51] 刘晓雷. 中国西北陆港建设对丝绸之路经济带区域贸易的影响研究 [D]. 上海：华东师范大学，2016.

[52] 刘勇. 交通基础设施投资、区域经济增长及空间溢出作用：基于公路、水运交通的面板数据分析 [J]. 中国工业经济，2010（12）：37－46.

[53] 刘育红，王曦."新丝绸之路"经济带交通基础设施与区域经济一体化：基于引力模型的实证研究 [J]. 西安交通大学学报（社会科学版），2014（2）：43－48.

[54] 刘育红."新丝绸之路"经济带交通基础设施投资与经济增长的动态关系分析 [J]. 统计与信息论坛，2012（10）：64－70.

[55] 刘育红."新丝绸之路"经济带交通基础设施、空间溢出

与经济增长 [D]. 西安：陕西师范大学，2012 (6).

[56] 刘月. 空间经济学视角下的产业协同集聚与区域经济协调发展 [D]. 杭州：浙江大学，2016.

[57] 娄洪. 中国经济增长中的基础设施投资问题研究 [D]. 北京：清华大学，2002.

[58] 陆大道. 人文地理学中区域分析的初步探讨 [J]. 地理学报，1984 (4)：397 – 408.

[59] 陆根尧，林永然. 交通基础设施对经济集聚的门槛效应研究：基于浙江省的实证分析 [J]. 区域经济评论，2015 (5)：36 – 40.

[60] 路江涌，陶志刚. 我国制造业区域集聚程度决定因素的研究 [J]. 经济学（季刊），2007，6 (3)：801 – 816.

[61] 吕承超，朱英俊. 交通基础设施、时空依赖与区域经济增长 [J]. 软科学，2016 (9)：32 – 36.

[62] 马卫，曹小曙，黄晓燕，刚毅. 丝绸之路沿线交通基础设施空间经济溢出效应测度 [J]. 经济地理，2018 (3)：21 – 29.

[63] 任晓红. 交通基础设施、要素流动与制造业区位 [D]. 重庆：重庆大学，2010.

[64] 芮宏. 大型交通基础设施建设对区域经济增长影响研究：以民用机场为例 [D]. 上海：复旦大学，2009.

[65] 保罗·萨缪尔森，威廉·诺德豪斯. 经济学 [M]. 萧琛，译. 北京：商务印书馆，2012.

[66] 沈飞. "丝绸之路经济带"经济合作影响因素与发展潜力：基于引力模型的分析 [J]. 农村经济与科技，2015，26 (9)：171 – 174.

[67] 宋英杰. 交通基础设施的经济集聚效应 [D]. 济南：山东大学，2013.

［68］隋广军，黄亮雄，黄兴. 中国对外直接投资、基础设施建设与"一带一路"沿线国家经济增长［J］. 广东财经大学学报，2017（1）：32－43.

［69］孙早，杨光，李康. 基础设施投资促进经济增长了吗?：来自东、中、西部的经验证据［J］. 经济学家，2015（8）：71－79.

［70］谭秀杰，周茂荣. 21世纪"海上丝绸之路"贸易潜力及其影响因素：基于随机前沿引力模型的实证研究［J］. 国际贸易问题，2015（2）：3－12.

［71］王继源，陈璋，龙少波. "一带一路"基础设施投资对我国经济拉动作用的实证分析：基于多部门投入产出视角［J］. 江西财经大学学报，2016（2）：11－19.

［72］王建刚，赵进. 产业集聚现象分析［J］. 管理世界，2001（6）：192－196.

［73］王金波. 从走廊到区域经济一体化："一带一路"经济走廊的形成机理与功能演进［J］. 国际经济合作，2017（2）：9－15.

［74］王娟. 基础设施对新丝绸之路经济带区域经济一体化的影响：基于空间面板杜宾模型的研究［J］. 学术论坛，2015（11）：47－52.

［75］王任飞，王进杰. 基础设施与中国经济增长：基于VAR方法的研究［J］. 世界经济，2007，30（3）：13－21.

［76］王秀明，李非. 产业集聚对区域经济增长的影响：基于广东省的实证研究［J］. 武汉大学学报（哲学社会科学版），2013（6）：122－127.

［77］王野啸. 辽宁省交通基础设施建设与经济增长关系的实证研究［D］. 大连：大连海事大学，2011.

［78］文东伟，冼国明. 中国制造业产业集聚的程度及其演变趋势：1998～2009年［J］. 世界经济，2014（3）：3－31.

[79] 文玟. 中国工业在区域上的重新定位和集聚 [J]. 经济研究, 2004, (2): 84 – 94.

[80] 吴江, 贾元华, 于帅, 郭月. 交通基础设施建设对产业集聚的影响分析: 以旅游产业为例 [J]. 北京交通大学学报 (社会科学版), 2019, 18 (2): 52 – 60.

[81] 吴林海, 陈继海. 集聚效应、外商直接投资与经济增长 [J]. 管理世界, 2003 (8): 136 – 137.

[82] 武勇杰, 张梅青. 交通基础设施、空间溢出与经济增长关系的实证分析 [J]. 统计与决策, 2017 (11): 116 – 120.

[83] 习近平. 弘扬人民友谊共创美好未来: 在纳扎尔已耶夫大学的演讲 [EB/OL]. 中央政府门户网, http://www.gov.cn, 2013.

[84] 徐罍, 欧国立. 交通基础设施对区域间制造业分工的影响: 基于制造业细分行业数据的实证研究 [J]. 经济问题探索, 2016 (8): 288 – 335.

[85] 亚当·斯密. 国富论 [M]. 北京: 华夏出版社, 2005.

[86] 杨帆, 韩传峰. 中国交通基础设施与经济增长的关系实证 [J]. 中国人口·资源与环境, 2011 (10): 147 – 152.

[87] 杨耀源. 泛北部湾经济合作转型升级的 "助推器": 论中新互联互通南向通道在泛北部湾经济合作转型升级中的作用 [J]. 东南亚纵横, 2018 (2): 17 – 21.

[88] 杨荫凯, 韩增林. 交通经济带的基本理论探讨 [J]. 人文地理, 1999, 14 (2): 1 – 5.

[89] 姚影. 城市交通基础设施对城市集聚与扩展的影响机理研究 [D]. 北京: 北京交通大学, 2009 (6).

[90] 尹希果, 刘培森. 中国制造业集聚影响因素研究: 兼论城镇规模、交通运输与制造业集聚的非线性关系 [J]. 经济地理, 2013, 33 (12): 97 – 103.

[91] 约翰·伊特韦尔，默里·米尔盖特，彼得·纽曼. 新帕尔格雷夫经济学大辞典 [M]. 北京：经济科学出版社，1996.

[92] 翟仁祥. 长三角区域经济一体化和经济收敛：基于空间杜宾面板模型 [J]. 数学的实践与认识，2016 (8)：17 - 25.

[93] 张国伍，任树芬. 发展中的北京城市交通系统分析 [J]. 系统工程理论方法应用，1993 (1)：63 - 74.

[94] 张海涛. 丝绸之路经济带交通基础设施建设的空间效应研究 [D]. 长春：吉林大学，2017.

[95] 张其仔，等. "一带一路" 国家产业竞争力分析（上册、下册）[M]. 北京：社会科学文献出版社，2017.

[96] 张强，张映芹. "丝绸之路经济带" 西北五省区交通基础设施对经济增长的空间溢出效应 [J]. 统计与信息论坛，2016 (8)：64 - 70.

[97] 张晓涛. 中国与 "一带一路" 沿线国家经贸合作国别报告（东南亚与南亚篇）[M]. 北京：经济科学出版社，2018.

[98] 张晓涛. 中国与 "一带一路" 沿线国家经贸合作国别报告（东亚、中亚与西亚篇）[M]. 北京：经济科学出版社，2017.

[99] 张晓涛. 中国与 "一带一路" 沿线国家经贸合作国别报告（中东欧篇）[M]. 北京：经济科学出版社，2018.

[100] 张学良. 交通基础设施、空间溢出与区域经济增长 [M]. 南京：南京大学出版社，2009.

[101] 张学良. 中国交通基础设施促进了区域经济增长吗？：兼论交通基础设施的空间溢出效应 [J]. 中国社会科学，2012 (3)：60 - 78.

[102] 张学良，孙海鸣. 交通基础设施、空间聚集与中国经济增长 [J]. 经济经纬，2008 (2)：20 - 23.

[103] 张志，周浩. 交通基础设施的溢出效应及其产业差异：

基于空间计量的比较分析 [J]. 财经研究, 2012, (3): 124 – 134.

[104] 周兵, 蒲勇键. 一个基于产业集聚的西部经济增长实证分析 [J]. 数量经济技术经济研究, 2003 (8): 143 – 147.

[105] 周海波. 交通基础设施、产业集聚与区域经济发展: 关联性与效率分析 [D]. 南京: 东南大学, 2017.

[106] 周海波, 胡汉辉, 谢呈阳. 交通基础设施、产业布局与地区收入: 基于中国省级面板数据的空间计量分析 [J]. 经济问题探索, 2017 (2): 1 – 11.

[107] 朱英明. 产业集聚论 [M]. 北京: 经济科学出版社, 2003.

[108] 左喜梅. 丝绸之路经济带战略背景下中国与周边国家贸易影响因素及贸易潜力分析: 基于扩展引力模型研究 [J]. 金融发展评论, 2016 (7): 130 – 145.

[109] A. Faina, J. Lope – Rodriguez, P. Monte, Solla. Regional development and public; infrastructures: The ease of Spanish regions [C]. Summer Conference of the Gesellschaft Fur Regional Forsc; hung, 2015.

[110] A. J. Brown. Applied Economics: Aspects of the World Economy in War and Peace [M]. London: G. Allen & Unwin, 1947.

[111] A. K. Dixit, J. E. Stiglitz. Monopolistic, Competition and Optimum Product Diver sity [M]. Amer. Econ. Rev. , 1977, 67 (6): 297 – 308.

[112] Adelheid Holl. Manufacturing location and impacts of road transport infrastructure: Empirical evidence from Spain [J]. Regional Science and Urban Economics, 2004 (34): 341 – 363.

[113] Albert Herrmann. Die Alten Seidenstrassen Zwischen China und Syrien [M]. Berlin: Weidmannsche Buchhandlung, 1910.

[114] Arrow, K. J. The Economic Implications of Learning – by – Doing [J]. Review of Economic Studies, 1962 (29): 155 – 73.

[115] Aschauer D. A. Is public expenditure productive? [J]. Journal of Monetary Economics, 1989, 23 (2): 177 – 200.

[116] Baldwin R. E. Agglomeration and endogenous capital [J]. European Economic Review, 1999, 43 (2): 253 – 280.

[117] Baldwin R. E, Forslid R. The core-periphery model and endogenous growth: Stabilizing and destabilizing integration [J]. Economics, 2000, 67 (267): 307 – 324.

[118] Baldwin R. E, Martin P. Agglomeration and regional growth [J]. Handbook of Regional and Urban Economics, 2004 (4): 2671 – 2711.

[119] Baldwin R. E, Martin P, Ottaviano G. I. P. Global income divergence, trade, and industrialization: The geography of growth take-offs [J]. Journal of Economic Growth, 2001, 6 (1): 5 – 37.

[120] Behrens K. International Integration and Regional Inequalities: How Important is National Infrastructure? [J]. CORE Discussion Paper, 2004 (66): 84 – 99.

[121] Berechman J, Ozmen D, Ozbay K. Empirical analysis of transportation investment and economic development at state, county and municipality levels [J]. Transportation, 2006, 33 (6): 537 – 551.

[122] Boamet M. G. Sppillovers and the locational effects of public infrastructure [J]. Journal of Regional Science, 1998, 38 (3): 381 – 400.

[123] Bosker M. Growth, agglomeration and convergence: A space-time analysis for European regions [J]. Spatial Economic Analysis, 2007, 2 (1): 91 – 100.

［124］ Boudeville, J. R. Problem of Regional Economic Planning ［M］. Edinburgh University Press, 1966.

［125］ Brulhart M, Mathys N. A. Sectoral agglomeration economics in a panel of European regions ［J］. Regional Science and Urban Economics, 2008, 38 (4): 348 – 362.

［126］ Brulhart M, Sbergami F. Agglomeration and growth: Cross-country evidence ［J］. Journal of Urban Economics, 2009, 65 (1): 48 – 63.

［127］ Brulhart M, Sbergami F. Agglomeration and growth: Empirical evidence ［C］. ETSG Working Paper, 2006.

［128］ Calderon C, Moral – Benito E, Serven L. Is infrastructure capital productive? A dynamic heterogeneous approach ［J］. Journal of Applied Econometrics, 2015, 30 (2): 177 – 198.

［129］ Chamberlin. The Theory of Monopolistic Competition: A Reorientation of the Theory of Value ［M］. Harvard University Press, 1933.

［130］ Christodoulakis N. M. Public infrastructure and private productivity: A discussion of empirical studies and an application to Greece ［M］. Tinbergen Institute, 1993.

［131］ Ciccone A. Agglomeration effects in Europe ［J］. European Economic Review, 2002, 46 (2): 213 – 227.

［132］ Ciccone A, Hall R. E. Productivity and the density of economic activity ［R］. National Bureau of Economic Research, 1993.

［133］ Cohen J. P, Paul. Public infrastructure investment, interstate spatial spillovers, and manufacturing costs ［J］. Review of Economics and statistics, 2004, 86 (2): 551 – 560.

［134］ Daniels P, C. Mulley. Exploring the Role Public Transport in Agglomeration Economics and Centers ［R］. Australasian Transport Research Forum 2011 proceedings 28 – 30 September, Adelaide, Australia.

[135] Denny K, Guiomard C. Road infrastructure and productivity in Irish manufacturing [J]. University college Dublin Working Centre for Economic Research Paper, 1997, 97 (6): 112 – 119.

[136] Demurger, S. Infrastructure and Economic Growth: An Explanation for Regional Disparities in China? [J]. Journal of Comparative Economics, 2001 (29): 95 – 117.

[137] Duranton G, Turner M. A. Urban Growth and Transportation [J]. The Review of Economic Studies, 2012 (79): 1407 – 1440.

[138] Easterly W. and Rebelo S. Fiscal Policy and Economic Growth: An Empirical Investigation [J]. Journal of Monetary Economics, 1993, 32 (1): 417 – 458.

[139] Evsey D. Domar. Expansion and Employment [J]. American Economic Review, 1947, 37 (1): 34 – 55.

[140] F. Ramsey. A mathematical theory of savings [J]. The Economic Journal, 1928 (38): 543 – 559.

[141] Fujita M, Krugman P. R, Venables A. J. The spatial economy: Cities, regions and international trade [M]. Mit Press, Cambridge MA, 1999.

[142] Fujita M, Thisse J. F. Does geographical agglomeration foster economic growth? And who gains and loses from it? [J]. The Japanese Economic Review, 2003, 54 (2): 121 – 145.

[143] Fujita M, Thisse J. F. Economics of Agglomeration: Cities, Industrial Location, and Regional Growth [M]. Cambridge University Press, 2002.

[144] Graham D. J. Agglomeration, productivity and transport investment [J]. Journal of Transport Economics and Policy (JTEP), 2007,

41 (3): 317 - 343.

[145] Harold Hotelling. Stability in Competition [J]. The Economic Journal, 1929, 39 (153): 41 - 57.

[146] Head K, Mayer T. Non - Europe: The magnitude and causes of market fragmentation in the EU [J]. Weltwirtschaftliches Archiv, 2000, 136 (2): 284 - 314.

[147] Helliwell, John F. How much Do National Borders Matter? [M]. Brookings Institution Press, 1998.

[148] Herfindahl, O. Concentration in the U. S. Steel Industry [D]. Columbia University, 1950.

[149] Hirschman, Albert O. National Power and the Structure of Foreign Trade [M]. University of California Press, 1945.

[150] Hong J, Chu Z, Wang Q. Transport infrastructure and regional economic growth: Evidence from China [J]. Transportation, 2011 (38): 737 - 752.

[151] Hoover, E. M. The Measurement of Industrial Localization [M]. Review of Economics and Statistics, 1936 (18): 162 - 171.

[152] Hoover E. M. The location of economic activity [M]. Mcgraw - Hill Book Company, Inc, 1948.

[153] Holtz - Eakin D, Schwartz A. E. Spatial Productivity Spillovers from Public Infrastructure: Evidence from State Highways [J]. International Tax and Public Finance, 1995, 2 (3): 459 - 468.

[154] Hulten C. R, Schwab R. M. Public Capital Formation and the Growth of Regional Manufacturing Industries [J]. National Tax Journal, 1991, 44 (4): 121 - 134.

[155] Jameel Khadaroo, Boopen Seetanah. Transport and Economic Performance: The Case of Mauritius [J]. Journal of Transport Economics

and Policy, 2008 (2): 255 - 267.

[156] Jiwattanakulpaisarn P, Noland R. B, Graham D. J. Causal linkages between highways and sector-level employment [J]. Transportation Research Part A Policy & Practice, 2010, 44 (4): 265 - 280.

[157] Joan Robinson. The Economics of Imperfect Competition [M]. Macmillan, 1933.

[158] John McCallum. National Borders Matter: Canada - U. S. Regional Trade Patterns [J]. The American Economic Review, 1995, 85 (3): 615 - 623.

[159] Kenneth J. Arrow. The Economic Implications of Learning by Doing [J]. The Review of Economic Studies, 1962, 29 (3): 155 - 173.

[160] Kilkenny M. Transport Costs and Rural Development [J]. Journal of Regional Science, 1998, 38 (2): 293 - 312.

[161] Kiyoshi Kojima. Japanese Foreign Trade and Economic Growth: With Special Reference to the Terms of Trade [J]. The Annals of the Hitotsubashi Academy, 1958, 8 (2): 143 - 168.

[162] Klaus Schwab. The Global Competitveness Report 2019 [R]. World Economic Forum, 2019.

[163] Krugman P. Geography and Trade [M]. The MIT Press, 1991.

[164] Krugman P. Increasing Returns and Economic Geography [J]. Journal of Political Economy, 1991, 99 (3): 483 - 499.

[165] L. Anselin. Spatial econometrics: Methods and Models [M]. Kluwer Academic Publishers, 1988.

[166] Lacono M, Levionson D. Mutual causality in road network growth and economic development [J]. Transport Policy, 2016 (45):

209 - 217.

[167] Laird J. J, Nellthorp J, Mavkie P. J. Network effects and total economic impact in transport appraisal [J]. Transport Policy, 2005, 12 (6): 537 - 544.

[168] Lipsey, R. G. The Theory of Customs Unions: Trade Diversion and Welfare [J]. Economic, 1957, 24 (24): 40 - 46.

[169] Lipsey, R. G. The Theory of Customs Unions: A General Survey [J]. The Economic Journal, 1960, 70 (279): 496 - 513.

[170] Lopez, E, A. Monzon, E. Ortega, S. Quintena. Assessment of Cross - Border Spillover Effects of National Transport Infrastructure Plans: An Accessibility Approach [J]. Transport Reviews, 2009, 29 (4): 515 - 536.

[171] Lucas. On the mechanics of economic development [J]. Journal of Monetary Economics, 1988 (22): 3 - 42.

[172] Marshall, A. Principles of Economics [M]. Macmillan, 1890.

[173] Martin P, Rogers C. A. Industrial location and public infrastructure [J]. Journal of International Economics, 1995, 39 (3 - 4): 335 - 351.

[174] Martin P, Ottaviano G. I. P. Growing locations: Industry location in a model of endogenous growth [J]. European Economic Review, 1999, 43 (2): 283 - 302.

[175] Martin P, Ottaviano G. I. P. Growth and agglomeration [J]. International Economic Review, 2001, 42 (4): 947 - 968.

[176] Matthias Helble. Is God Good for Trade? [J]. International Review for Social Sciences, 2007, 60 (3): 385 - 413.

[177] Merriman D. Public Capital and Regional Output: Another

Look at Some Japanese and American Data [J]. Regional Science and Urban Economics, 1990, 20 (4): 437 –458.

[178] Michael Spence. Product Selection, Fixed Costs, and Monopolistic Competition [J]. The Review of Economic Studies, 1976, 43 (2): 217 –235.

[179] Mori T, Nishikimi K. Economics of transort density and industrial agglomeration [J]. Regional Science and Urban Economics, 2002, 32 (2): 167 –200.

[180] Munnell A. H. Why Has Productive Growth Declined? Productivity and Public Investment [J]. New England Economic Review, 1990 (30): 3 –22.

[181] Myrdal G. Economic Theory and Underdeveloped Regions [M]. Duckworth, 1957.

[182] Nitsch, V. Honey, I Shrunck the Currency Union Effect on Trade [J]. The World Economy, 2002 (25): 457 –474.

[183] Nuno Limão, Anthony J. Venables. Infrastructure, Geographical Disadvantage, Transport Costs, and Trade [J]. The World Bank Economic Review, 2001 (3): 451 –479.

[184] Ottaviano G, Tabuchi T, Thisse J F. Agglomeration and trade revisited [J]. International Economic Review, 2002: 409 –435.

[185] Ozbay K, Ozman – Ertekin D, Berechman J. Contribution of transportation investments to county output [J]. Transport Policy, 2007, 14 (4): 317 –329.

[186] Paelinck J, Klaassen L. Spatial econometrics [M]. Farnborough: Saxon House, 1979.

[187] Patricia C. Melo, Daniel J. Graham, Ruben Brage – Ardao. The productivity of transport infrastructure investment: A meta-analysis of

empirical evidence ［J］. Regional Science and Urban Economics, 2013, 43 (5): 695 – 706.

［188］ Paul A. Samuelson. The Transfer Problem and Transport Costs, Ⅱ: Analysis of Effects of Trade Impediments ［J］. The Economic Journal, 1954 (64): 264 – 289.

［189］ Pelayo Arbués, José F. Baños, Matías Mayor. The spatial productivity of transportation infrastructure ［J］. Transportation Research Part A: Policy and Practice, 2015, 75 (5): 166 – 177.

［190］ Percoco M. Highways, local economic structure and urban development ［J］. Journal of Economic Geography, 2015 (16): 1 – 20.

［191］ Perroux F. Economic space: Theory and applications ［J］. The Quarterly Journal of Economics, 1950: 89 – 104.

［192］ Peter Haggett. Locational Analysis in Human Geography ［M］. Edward Arnold, 1965.

［193］ Poncet. Domestic Market Fragmentation and Economic Growth in China ［C］. ERSA Conference Papers, 2003.

［194］ Poyhonen, P. A Tentative Model for the Volume of Trade between Countries ［J］. Weltwirtschaftliches Archive, 1963 (90): 93 – 100.

［195］ Prabir De. Trade, Infrastructure and Transaction Costs: The Imperatives for Asian Economic Cooperation ［J］. Journal of Economic Integration, 2006 (4): 708 – 735.

［196］ R. Belderbos, G. Capannelli, Kyoji Fukao. Backward vertical linkages of foreign manufacturing affiliates: Evidence from Japanese multinationals ［J］. World Development, 2001, 29 (1): 189 – 208.

［197］ Richard E. Baldwin, Philippe Martin and Gianmarco I. P. Ottaviano. Global Income Divergence, Trade, and Industrialization: The

Geography of Growth Take – Offs [M]. Journal of Economic Growth, 2001, 6 (1): 5 –37.

[198] Richthofen. China [M]. Dietrich Reimer, 1877.

[199] Robert Cervero. Linking urban transport and land use in developing countries [J]. Journal of Transport and Land Use, 2013 (1): 7 – 24.

[200] Romer. Increasing Returns and Long – Run Growth Author [J]. Journal of Political Economy, 1986, 94 (5): 1002 – 1037.

[201] Romer. Endogenous technological change [J]. Journal of political Economy, 1990, 98 (5): S71 – S102.

[202] Salop S. C. Monopolistic Competition with Outside Goods [J]. Bell Journal of Economics, 1979 (10): 141 – 156.

[203] Sbergami F. Agglomeration and economic growth some puzzles [M]. Geneva: Graduate Institute of International Studies, 2002.

[204] Sheshinski E. Optimal Accumulation with Learning by Doing [J]. Essays on the Theory of Optimal Economic Growth, 1967: 31 – 52.

[205] Shiu A, Li R, Woo C. Economic Growth and Infrastructure Investments in Energy and Transportation: A Causality Interpretation of China's Western Development Strategy [J]. The Energy Journal, 2016, 37 (2): 211 – 222.

[206] Solow, R. M. A Contribution to the Theory of Economic Growth [J]. Quarterly Journal of Economics, 1956, 70 (1): 65 – 94.

[207] Tinbergen, J. International Economic Integration [M]. Elsvier Publishing, 1954.

[208] Tinbergen, J. Shaping the world economy: Suggestion for an International Economic Policy [M]. The Twentieth Century Fund, 1962.

[209] Toshihiro Okubo. The border effect in the Japanese market: A

Gravity Model analysis ［J］. Journal of the Japanese and International Economies, 2004, 18 (1): 1 – 11.

［210］ Venables A. Equilibrum locations of vertically linked indus-tries ［J］. International Economic Review, 1996, 37 (2): 341 – 359.

［211］ Venables A. Evaluating urban transport improvements: Cost-benefit analys is in the presence of agglomeration and income taxation ［J］. Journal of Transport Economics and Policy (JTEP), 2007, 41 (2): 173 – 188.

［212］ Viner J. The Customs Union Issue ［M］. New York: Carnegie Endowment for International Peace, 1950.

［213］ Wylie P. J. Infrastructure and Canadian economic growth 1946 – 1991 ［J］. The Canadian Journal of Economics/Revue Canadienne d'Economics, 1996 (29): S350 – S355.

［214］ Xu H, Zhou H, Liang L. The Locational Dynamics of Manu-facturing in China's Counties: Influence of Expressway Investment ［J］. Journal of Regional Science, 2016, 56 (3): 522 – 543.

［215］ Yamamoto K. Agglomeration and growth with innovation in the intermediate goods sector ［J］. Regional Science and Urban Economics, 2003, 33 (3): 335 – 360.

［216］ Yu N. Does the Expansion of a Motorway Network Lead to Economic Agglomeration? Evidence from China ［J］. Transport Policy, 2016 (45): 218 – 227.

［217］ Zhenhua Chen, Kingsley E. Haynes. Public surface transpor-tation and regional output: A spatial panel approach ［J］. Papers in Re-gional Science, 2014 (94): 79 – 87.